Uma breve HISTÓRIA do MUNDO em 50 LIVROS

VOCÊ SABIA...

Que *Guerra e paz*, de Leon Tolstói,
tem algo em torno de 600 personagens?

* * *

Que o clássico romano da culinária *De re coquinaria*
inclui uma receita de flamingo escaldado?

* * *

Que *Ardil-22* foi intitulado originalmente *Ardil-18*?

* * *

Que um componente vital da base filosófica de
A arte da guerra é evitar a guerra?

* * *

Que, em 2014, um exemplar da Torá do século XV
foi leiloado e atingiu o preço recorde de 3,87 milhões de dólares
ao ser arrematado por um comprador anônimo?

* * *

Que a Igreja Católica Romana introduziu seu *Index Librorum Prohibitorum* ("Índice de Livros Proibidos") na primeira metade do século XVI e que, somente em 1966, durante o pontificado do Papa Paulo VI, o *Index* foi formalmente extinto?

* * *

Que *A divina comédia*, de 1320, no início, não era "divina"?
Dante Alighieri batizou a obra apenas de *Comédia*,
e o *divina* foi acrescentado bem depois por outro grande autor
italiano do período, Giovanni Boccaccio.

Uma breve HISTÓRIA do MUNDO em 50 LIVROS

Daniel Smith

TRADUÇÃO
Jaime Biaggio

valentina

RIO DE JANEIRO, 2025
1ª edição

TÍTULO ORIGINAL
A Short History of the World in 50 Books

CAPA
Sérgio Campante

ILUSTRAÇÕES
Aubrey Smith

MAPA
David Woodroffe

DIAGRAMAÇÃO
Fátima Affonso/FQuatro Diagramação

Impresso no Brasil
Printed in Brazil
2025

CIP-BRASIL. CATALOGAÇÃO NA PUBLICAÇÃO
SINDICATO NACIONAL DOS EDITORES DE LIVROS, RJ
CARLA ROSA MARTINS GONÇALVES - BIBLIOTECÁRIA - CRB-7/4782

S646b

Smith, Daniel

Uma breve história do mundo em 50 livros / Daniel Smith; tradução Jaime Biaggio. – 1. ed. – Rio de Janeiro: Valentina, 2025.
200p.; 23 cm.

Tradução de: A short history of the world in 50 books
ISBN 978-85-5889-121-9

1. História universal. 2. Literatura e história. 3. Livros - História. I. Biaggio, Jaime. II. Título.

CDD: 909
25-99478.0 CDU: 94(100)

Todos os livros da Editora Valentina estão em conformidade com
o novo Acordo Ortográfico da Língua Portuguesa.

EDITORA VALENTINA
Rua Santa Clara 50/1107 – Copacabana
Rio de Janeiro – 22041-012
Tel/Fax: (21) 3208-8777
www.editoravalentina.com.br

Para Charlotte e Ben
– meus brilhantes ratos de biblioteca.

Sumário

Introdução 11

1 O Mundo Antigo 13

Epopeia de Gilgámesh • Anônimo 15

Tao Te King • Lao Tsé 18

Ilíada • Homero 21

Fábulas de Esopo • Esopo 25

A Torá • Moisés 28

A arte da guerra • Sun Tzu 31

Os analectos • Confúcio 34

A república • Platão 38

História dos animais • Aristóteles 41

Os elementos • Euclides 45

Bhagavad Gita • Vyasa 48

De re coquinaria • Marco Gávio Apício 52

Geographia • Cláudio Ptolomeu 55

2 A Idade Média 59

O Alcorão • Seguidores do Profeta Maomé 61

O livro de Kells • São Jerônimo (e monges não identificados) 64

O livro do travesseiro • Sei Shônagon 67

O conto de Genji • Murasaki Shikibu ... 70
Magna Carta • Stephen Langton ... 74
A divina comédia • Dante Alighieri ... 77
Jikji • Baegun ... 81
Revelações sobre o amor divino • Juliana de Norwich ... 84
A Bíblia de Gutenberg • Vários/Johannes Gutenberg ... 87
Códice de Madri • Anônimo ... 91

3 A Era Pré-Moderna ... 95
Quatro romances clássicos da literatura chinesa • Vários ... 97
O príncipe • Nicolau Maquiavel ... 100
O engenhoso fidalgo Dom Quixote de La Mancha • Miguel de Cervantes ... 104
Obras completas • William Shakespeare ... 107
Diálogo sobre os dois máximos sistemas do mundo ptolomaico e copernicano • Galileu Galilei ... 111
Principia • Isaac Newton ... 114
Do contrato social, ou Princípios do direito político • Jean-Jacques Rousseau ... 117
A Dictionary of the English Language • Samuel Johnson ... 120
Senso comum • Thomas Paine ... 124
A riqueza das nações • Adam Smith ... 127

4 O Século XIX ... 131
Fausto • Johann Wolfgang von Goethe ... 133
"Os crimes da Rua Morgue" • Edgar Allan Poe ... 136

Sobre a liberdade • John Stuart Mill 139
A origem das espécies • Charles Darwin 143
Incidentes na vida de uma menina escrava • Harriet Ann Jacobs 146
O capital • Karl Marx 150
Guerra e paz • Leon Tolstói 153
A interpretação dos sonhos • Sigmund Freud 156

5 De 1900 em Diante 161
Teoria da Relatividade Geral • Albert Einstein 163
O diário de Anne Frank • Anne Frank 166
1984 • George Orwell 170
O segundo sexo • Simone de Beauvoir 174
Ardil-22 • Joseph Heller 177
Primavera silenciosa • Rachel Carson 180
Por que não podemos esperar • Martin Luther King 184
Uma breve história do tempo • Stephen Hawking 188
Longa caminhada até a liberdade • Nelson Mandela 191

Conclusão 195
Bibliografia Selecionada 197
Sobre o Autor 199

Introdução

"Nos livros repousa a alma de todo o Tempo Passado;
a voz audível articulada do Passado,
quando sua substância corpórea e material
já se esvaneceu por completo como um sonho."

Thomas Carlyle, "O herói como homem literato" (1841)

O que é um livro? Tecnicamente, pode-se dizer que seja qualquer conjunto de páginas impressas afixadas dentro de uma capa. Mas como chamar então todos aqueles que podemos ler em dispositivos eletrônicos? E como definir aqueles textos ancestrais que talvez tenham sido gravados em tábuas de pedra ou mesmo nos ossos de algum animal sacrificial? Temos uma história literária rica, e ela precede em muito a tecnologia que nos deu o papel, para não falar nos meios para encadernar essas folhas e colar uma capa. Melhor, então, adotar uma definição bem mais ampla – livros são obras escritas de ficção ou não ficção, criadas com a intenção de que sejam lidas por outros. O material no qual tenham sido originalmente registradas não importa tanto.

Somos, é claro, a única espécie a produzir livros: um objeto que encerra as ideias e a imaginação de seu autor ou autores. O livro tem status singular como emblema da cultura e da civilização humanas. É um receptáculo para compartilhar histórias, espalhar conhecimento, examinar a natureza da nossa extraordinária espécie e imaginar o que se estende para além do mundo conhecido. Como sugere Carlyle, livros proporcionam, em última análise, um registro inestimável e abrangente do que significa ser humano. Por vezes, podem até mesmo nos oferecer uma janela para o divino. Como escreveu, certa vez, Jorge Luis Borges: "Sempre imaginei o Paraíso como uma espécie de biblioteca."

Este volume lança mão de uma lista selecionada de cinquenta livros dos mais influentes de todos os tempos, situando cada um deles em seu contexto histórico.

Partindo de divisores de águas da Antiguidade, como a *Epopeia de Gilgámesh* e a *Ilíada*, passando por textos sagrados e reflexões filosóficas de gente como Confúcio e Platão, e ainda por tratados científicos, ineditismos históricos (como o primeiro livro a ser impresso), e obras culturais de impacto duradouro (pensem em Shakespeare, Cervantes e Joseph Heller), tais volumes foram, ao mesmo tempo, produto das sociedades em que surgiram e textos vitais na formação dessas mesmas civilizações.

O que esta seleção não pretende é celebrar o cânone literário, reafirmar quais os "melhores" livros do passado. Aqui não se encontrarão Austen ou Dickens, nem Melville, Dostoiévski ou García Márquez. Há Shakespeare, Cervantes e Tolstói, mas não porque sejam "melhores" do que esses outros. O que esta antologia pretende é selecionar livros que reflitam a passagem da História humana – nosso progresso, de maneira geral, mas, vez ou outra, nossa regressão também. A maioria, contudo, não se limita a refletir a forma como pensamos e vivemos, tendo, isto sim, a modificado; não se trata apenas de símbolos históricos, mas de agentes da História. Por definição, são obras "importantes" e, de um ponto de vista crítico expresso por alto, "excelentes" também. Mas este livro não está preocupado em mapear quais obras são as melhores de todos os tempos – para isso existem muitos outros, e boa sorte para eles.

Inevitavelmente, uma seleção como esta terá alto grau de subjetividade. É um processo tão definido pelas omissões quanto pelo que é escolhido. Ao selecionarmos cinquenta títulos, esperamos tão somente mergulhar um dedo do pé (o mindinho, aliás) na vasta lagoa da literatura de tempos idos e passados. E, como tal, qualquer pretensão a um olhar definitivo seria tolice. Estamos, isto sim, jogando um jogo literário. Quais das cinquenta escolhas são irrefutáveis? Quais ocupam um espaço de que outra obra seria mais merecedora? Todos terão suas próprias opiniões. No fim das contas, pouco importa que todos concordemos. Mais importante é que, no ato de voltarmos nossas mentes à pergunta, conheçamos trabalhos que nos sejam menos familiares, revisitemos alguns velhos favoritos e ganhemos conhecimento e prazer nesse ínterim.

Livros são objetos brilhantes. São os blocos com os quais construímos a nossa identidade coletiva. São monumentos à nossa civilização. Portais para novos mundos. Explorá-los nunca é demais. Carl Sagan resumiu com elegância: "Milênios afora, um autor fala clara e silenciosamente dentro da sua cabeça, diretamente para você. A escrita é talvez a maior das invenções humanas, unindo pessoas que jamais se conheceram, cidadãos de épocas distantes entre si. Livros rompem os grilhões do tempo. Um livro é a prova de que os humanos são capazes de fazer magia."

1

O Mundo Antigo

Epopeia de Gilgámesh

AUTOR: ANÔNIMO
DATA: TERCEIRO MILÊNIO A.C.

Amplamente considerada a primeira obra de ficção literária de que se tem notícia no mundo, a *Epopeia de Gilgámesh* é um longo poema que narra as aventuras de Gilgámesh, rei da ancestral civilização suméria estabelecida em torno da região onde hoje estão o Iraque e a Síria (registros históricos sugerem ter havido de fato um rei com este nome, cujo reinado provavelmente foi no início do terceiro milênio a.C.). Existem, hoje, cerca de 3.200 versos do texto; estima-se que representem algo entre 80-90% do total original. Escrito no final do terceiro milênio a.C., *Gilgámesh* pode ser considerado, com justiça, o primeiro grande salto na história da literatura – obra-prima por excelência da imaginação preservada em forma escrita.

A história é das mais empolgantes. Gilgámesh, descrito como um terço humano e dois terços divindade (sua mãe, Ninsun, é uma deusa e seu pai, um reles mortal), é rei de Uruk, uma resplandecente cidade murada no sul da Mesopotâmia. Descomunal e forte, é também cheio de caprichos, impondo-se perante os homens de Uruk por meio de suas habilidades atléticas e exercitando o que considera seu direito de se envolver com as mulheres da cidade, em especial as recém-casadas. Os cidadãos,

aborrecidos com a sua má conduta, queixam-se aos deuses. A deusa Aruru cria então um companheiro para ele, outro gigante, chamado Enkidu, a partir de um pedaço de argila. Enkidu, espera-se, o manterá na linha.

Enkidu é animalesco por natureza, embora dotado igualmente de inteligência humana. Contudo, depois de ser tentado a um envolvimento sexual duradouro com uma humana (uma prostituta do templo chamada Shamhat; consta que a relação sexual teria durado uma semana, ou até mesmo duas, de acordo com algumas interpretações), ele é rejeitado pelos animais e se torna plenamente humano. É efetivamente expulso de seu antigo mundo e impelido a um novo, não raro mais complicado. Seu novo senso de moral o leva a confrontar Gilgámesh devido ao comportamento deste, e os dois se engalfinham num combate feroz. Porém, ao final da luta, selam uma amizade e embarcam em uma série de aventuras.

Algum tempo depois de se enfrentarem, eles vão à Floresta de Cedros, onde conspiram para derrubar algumas árvores sagradas após matarem o seu temido protetor, um monstro chamado Humbaba, o Terrível. Mais adiante, a deusa Ishtar expressa seu desejo por Gilgámesh, mas ele a desdenha. A deusa, desprezada, manda o "Touro do Céu" para executar uma vingança terrível contra Gilgámesh, já que continua a desdenhá-la, mas ele e Enkidu conseguem matar a fera. As mortes de Humbaba e do touro provocam a ira dos deuses, que punem Enkidu com uma morte lenta, prolongada por doze dias de doença, confinado a uma cama.

Arrasado pela perda do amigo e determinado a escapar a uma sina semelhante, Gilgámesh procura aprender os segredos da vida eterna com os únicos sobreviventes humanos de um Grande Dilúvio. Para chegar até eles, tem de passar por uma longa e perigosa jornada – que de nada serve, pois aprende que a morte é inevitável. Antes de a história terminar, o próprio Gilgámesh morre, provavelmente de velhice (ainda que isto não seja declarado explicitamente), e os cidadãos de Uruk choram o falecimento de seu soberano.

Gilgámesh inclui muitos elementos narrativos que se tornariam marcas dos épicos heroicos clássicos; talvez sua influência mais clara se verifique sobre a *Ilíada* (em especial os ecos de Enkidu no personagem Pátroclo) e a *Odisseia*, de Homero. Na visão de certos acadêmicos, também guarda aspectos em comum com a Bíblia.

A história de Enkidu – uma criação divina a partir do solo – e de sua "expulsão" do que seria naturalmente seu lar após a "tentação" por parte de uma mulher (Shamhat) tem paralelos óbvios com a história de Adão e Eva e sua queda do Jardim do Éden. Mas talvez ainda mais marcante seja a visita de Gilgámesh a Utnapishtim e sua esposa em busca do segredo da vida eterna. No episódio, Utnapishtim conta como o deus Enlil fez se abater sobre o mundo um grande dilúvio como punição pelas falhas dos homens. Porém, Utnapishtim foi avisado com antecedência por outro deus, que o orientou a construir um barco capaz de transportá-lo até um local seguro juntamente com sua família e as sementes de todas as coisas vivas. Quando o dilúvio ocorre, apenas os que estão a bordo se salvam entre toda a humanidade. O barco acaba por encalhar no cume de uma montanha; é quando Utnapishtim envia uma série de pássaros (entre os quais uma pomba) para procurar terra firme. A não ser por algumas mudanças de nomes, é uma narrativa quase idêntica à de Noé e sua arca, tal como está contada no livro bíblico do Gênesis. Se *Gilgámesh* foi a fonte da história de Noé ou se ambas as histórias só refletem uma tradição narrativa compartilhada, não se sabe ao certo.

A história literária de *Gilgámesh* é quase tão fascinante quanto a história narrada pelo épico. Originalmente uma série de poemas sumérios em escrita cuneiforme do ano 2100 aproximadamente, a versão mais completa que conhecemos hoje tem origem na Babilônia e foi gravada em doze tábuas de pedra, na língua acádia, entre os anos 1200 e 1000 a.C. Porém, depois de 600 a.C., a *Epopeia de Gilgámesh*

George Seja Louvado!

Até que ponto George Smith compreendia por completo o escopo de seu feito não se sabe, visto que morreu em um trabalho de campo em Aleppo, em 1876, com apenas 36 anos de idade. Muito do seu entusiasmo pelos fragmentos que decodificou baseia-se em sua crença de que confirmavam a verdade histórica do Gênesis. Ao ler sobre um Grande Dilúvio que teria dado cabo da humanidade, a não ser por um homem e sua família, consta que teria pulado da cadeira em estado de júbilo e saído a correr, exultante, por sua sala no museu. Quando discursou para a Sociedade de Arqueologia Bíblica sobre a sua descoberta, o Primeiro-ministro William Gladstone estava na plateia, e os achados de Smith chegaram às manchetes de jornais mundo afora.

tornou-se um clássico basicamente perdido. Nos anos 1850, um grande número de tábuas com inscrições foi descoberto por uma expedição arqueológica liderada por britânicos, no local de uma antiga biblioteca em Nínive, próximo à atual cidade iraquiana de Mossul. As relíquias foram prontamente enviadas para o Museu Britânico. Depois de muitos anos, o museu convidou um voluntário chamado George Smith – um gravador de papel-moeda que havia largado a escola aos 14 anos (embora já então imbuído de fascinação pela história e pela cultura assírias) – para ajudar a analisar os fragmentos que jaziam esquecidos num depósito. Ao longo de aproximadamente dez anos, entre as décadas de 1860 e 1870, ele conseguiu traduzir uma série deles, reapresentando o épico ao mundo. Que tenha sido a gana de um amador, e não a respeitabilidade de um literato, a reconectar o mundo com a sua primeira grande obra literária não deixa de ter certa elegância poética.

Tao Te King

AUTOR: LAO TSÉ (ATRIBUÍDO A)
DATA: PRIMEIRO MILÊNIO A.C.

O *Tao Te King* (*O caminho e seu poder*, em tradução livre) é o principal guia espiritual de seguidores da antiga filosofia chinesa do taoismo. Taoistas defendem que tenhamos uma vida simples, modesta e devota, o que nos levaria ao equilíbrio para com o Tao (que seria basicamente o universo em suas manifestações materiais e espirituais). Em termos simplistas, os praticantes buscam uma existência pacífica, em harmonia com a natureza, desenvolvendo conceitos como a virtude (*de*), a naturalidade (*ziran*) e a inação (*wuwei*).

O suposto autor do livro, Lao Tsé, é uma figura altamente controversa, que talvez tenha vivido em torno do século VI a.C., tendo sido assim contemporâneo de Confúcio, mas que certos acadêmicos sugerem ter vivido em algum momento posterior ao longo dos dois séculos seguintes. Muitos outros duvidam que Lao Tsé (nome cuja tradução mais comum é "Velho Mestre") tenha existido. Há ainda uma ampla escola de pensamento para a qual o *Tao Te King* é uma coletânea de poesias e provérbios originária de uma série de autores diferentes.

O volume se propõe a orientar os taoistas sobre como existir em harmonia com o universo. Embora o taoismo aceite divindades, a energia universal no âmago de sua filosofia não é definida nestes termos. Tal energia se conectaria a tudo, criando um todo unificado, e seus seguidores tentam viver em equilíbrio com as forças opositoras – por exemplo, a luz e a escuridão, o fogo e a água, a ação e a inação. Tais dualidades são encapsuladas no conceito de *yin* e *yang*.

O texto do *Tao Te King* é relativamente curto, com pouco mais de oitenta seções breves, não se estendendo além de cinco mil caracteres chineses. Integram o seu âmago as "três Joias": compaixão, humildade e comedimento. Seus vários ensinamentos, que costumam ser resumidos em poucas palavras sucintas, são frequentemente místicos e difíceis de definir. O conceito de *wuwei*, em particular, inspira várias interpretações, ainda que no geral haja consenso sobre seu postulado ser o de evitar intervenções prejudiciais, não o de adotar uma postura de passividade pura e simples: "Quando nada é feito, nada fica por fazer." Num mundo onde os impulsos sempre apontam para movimento e ação incessantes, esse argumento representa, no mínimo, um questionamento da ortodoxia vigente, senão uma ameaça direta. Além disso, sua crítica implícita aos excessos de uma classe dominante que conduziu um estado quase constante de incerteza e desarmonia faz do *Tao Te King* um texto bem mais radical e agressivo do que a princípio poderia parecer. Considere-se a natureza incisiva da observação: "Quando o Mestre governa, o povo mal percebe sua existência."

A primeira referência significativa a Lao Tsé na condição de autor do texto remete aos escritos do historiador Sima Qian, que viveu entre os séculos II e I a.C. Sugerem que Lao Tsé poderia ter sido ele mesmo um historiador ou que talvez trabalhasse nos arquivos imperiais. Outras narrativas posteriores sustentariam que teria vivido por centenas de anos e era a mais recente numa longa linhagem de reencarnações. Na realidade, é difícil determinar uma biografia genuína. Por isso a adesão crescente à ideia do *Tao Te King* como uma antologia. Pensa-se que pode ter sido compilado, editado e aprimorado, talvez ao longo de séculos, na segunda metade do primeiro milênio antes de Cristo.

Uma série de tábuas de bambu foi descoberta em 1993 dentro de uma tumba na província de Hubei, na China Central, e incluía vários trechos em comum com o *Tao Te King*. Datadas de 300 a.C. na mais recente das hipóteses, são os mais antigos exemplos do texto do livro ainda existentes. Outros exemplos posteriores e comentários baseados no livro foram localizados em registros em bambu, seda e papel. O título *Tao Te King* surgiu durante o reinado da Dinastia Han, que vai de 202 a.C. a 220 d.C. O taoismo seria uma ramificação significativa da filosofia na vida chinesa ao longo dos séculos seguintes, competindo por espaço com o sistema de crenças budista, com o qual não era totalmente desprovido de conexão, assim como com o confucionismo e o legalismo (que pedia um governo forte enraizado em um sistema de lei e ordem). Mesmo quando essas escolas filosóficas pareciam se contrapor umas às outras, o taoismo fornecia regularmente os termos de referência por meio dos quais suas diferenças poderiam ser reconciliadas.

O taoismo floresceu sob a Dinastia Tang (618-907), cujos imperadores chegavam a se dizer descendentes de Lao Tsé, e continuaria a ser um marco definidor da paisagem espiritual chinesa pela maior parte do milênio seguinte. Sua influência, porém, entraria em declínio a partir do século XVII, em particular se comparada à influência contínua do budismo e do confucionismo. Foi somente no século seguinte que o taoismo entrou de forma significativa na consciência do Ocidente ao ser

Zhuangzi

A outra grande obra do taoismo é *Zhuangzi*, batizada com o nome de seu autor, que viveu no século IV a.C. Também chamada, às vezes, de *Nanhua zhenjing* (*O puro clássico de Nanhua*), a coletânea de fábulas se inspira fortemente no *Tao Te King*, mas, na opinião de muitos críticos, explora o credo taoista com maior profundidade. A personalidade do autor permeia o texto, e descobrimos um homem que calça sapatos velhos amarrados com barbante para não se desfazerem, porque o mundo material não tem importância para ele; que não consegue chorar a perda da esposa, pois a morte dela não passa de uma expressão do que é natural; e que recusa um caixão para seu próprio funeral e não se importa se serão os pássaros acima do solo ou os vermes abaixo dele a devorarem seu cadáver.

traduzido para o latim por padres jesuítas. A primeira tradução na língua inglesa só apareceria em 1868.

A década de 1950 pareceu trazer a sentença de morte do taoismo, quando as autoridades chinesas implementaram uma proibição de religiões formais. Ainda assim, o taoismo manteve presença dentro do país e, de uma forma geral, fora dele. Hoje, os praticantes ainda se contam na casa dos milhões. Sua mensagem de busca da harmonia com a natureza, expressada com tanta elegância, tem mais ressonância do que nunca num momento em que nos damos conta dos efeitos daninhos que a nossa espécie teve e tem sobre o planeta. "Ame o mundo como a si mesmo, e assim poderá cuidar de todas as coisas", diz uma de suas estrofes. Absolutamente moderno e atemporal.

Ilíada

AUTOR: HOMERO
DATA: *C.* SÉCULOS VIII/VII A.C.

A *Ilíada* é um poema épico da Grécia Antiga que, ao longo de 15.693 versos e 24 cantos, conta a história da Guerra de Troia, combate travado entre a cidade de Troia e seus inimigos gregos. Em comum com outras obras da Antiguidade, há os debates acadêmicos sobre a exata natureza de sua autoria, ainda que seja amplamente atribuída a Homero, também creditado com a autoria da *Odisseia* – é ponto pacífico que as duas obras foram as raízes sobre as quais a literatura da Grécia Antiga desabrochou, e ambas se provariam influências duradouras sobre toda a cultura ocidental.

A *Ilíada* se passa no ano final do cerco de uma década a Troia por parte das forças aqueias (isto é, gregas), uma situação precipitada por Páris, príncipe troiano, raptor de Helena, esposa de Menelau, rei da cidade-Estado grega de Esparta (o aprisionamento dela acarretou o lançamento de uma grande frota para salvá-la, instigando Christopher Marlowe, séculos depois, a considerar sua beleza por meio da pergunta: "Foi este o rosto que lançou mil embarcações?"). A ação se passa nos estertores da Idade do Bronze, por volta de 1200 a.C. – cerca de quatrocentos anos antes de quando Homero teria escrito o poema. A autenticidade histórica da saga é um ponto discutível. Por muito tempo, a própria Troia foi considerada uma peça de ficção, embora no século XIX tenham surgido evidências arqueológicas apontando para a probabilidade de ter sido uma cidade real localizada onde hoje está a Turquia. Mas quanto à saga de guerra de Homero refletir um conflito genuíno ou ser produto de sua imaginação, ou ainda uma síntese de várias ocorrências e narrativas históricas genuínas, não se sabe.

A progressão dramática é centrada em poucas semanas, marcadas pela pendenga entre o líder aqueu Agamenon e o melhor de seus guerreiros, Aquiles, filho de Tétis, uma nereida (ninfa do mar), e Peleu, o rei da Ftia. É uma narrativa de alta intensidade, cheia de contornos e reviravoltas e batalhas épicas, na qual deuses e deusas do Olimpo tomam os seus lugares ao lado de reles mortais. Aquiles, por exemplo, busca especificamente a ajuda de Zeus, o mais poderoso de todos os deuses. As picuinhas e as rivalidades entre divindades fazem oscilar a sorte daqueles que combatem no plano terreno. Talvez tenha sido Homero o primeiro a atribuir características discerníveis à gama de figuras divinas que recobriam o imaginário da Grécia Antiga, uma contribuição que por si só modificou a natureza do ato de contar histórias na Antiguidade Clássica.

A *Odisseia*, obra irmã da *Ilíada*, se dedica à jornada de retorno ao lar de Odisseu, rei de Ítaca, após a queda de Troia – uma viagem que leva dez anos, tanto quanto a própria guerra. Numa jornada repleta de perigos, ele se depara com incontáveis desafios e reveses, entre eles a perda de sua tripulação e os encontros com, entre outros, o ciclope Polifemo, o gigante de um olho só, as perigosas sereias, que levam

marinheiros à desgraça, e os lestrigões, uma raça de gigantes devoradores de homens. Enquanto isso, a esposa e o filho de Odisseu, que o imaginam morto, resistem a uma sucessão de pretendentes inoportunos que querem se casar com a rainha aparentemente viúva. Tema central em ambas as obras é a influência da sorte nos destinos de humanos e de deuses. Ainda que tanto uns quanto outros tenham liberdade de ação e de escolha dia após dia, o escopo total das narrativas da vida é fadado a ser preestabelecido, e tentar fugir ao que a sorte determinou se torna não apenas uma empreitada vã, mas também covarde e insensata.

Sob certo ângulo, pouco importa se Homero foi ou não o único responsável pelo registro desses épicos em forma escrita. O que de fato importa é que eles existem, que mudaram a direção da literatura mundial e que continuam a fascinar leitores quase três mil anos depois de terem sido escritos. Nem por isso os questionamentos a respeito da autoria deixam de nos oferecer mistérios deliciosos sobre os quais conjeturar. É ponto pacífico que as duas obras são datadas de uma mesma época, em torno do século VIII ou VII a.C. Contudo, alguns acadêmicos argumentam que os dois poemas seriam produto de autores diferentes ou talvez até de grupos de escritores em um trabalho conjunto. O modo predominante de comunicação cultural na época era a transmissão oral, e muitos acadêmicos suspeitam que a *Ilíada* e a *Odisseia* representam a congregação literária do que talvez sejam múltiplas histórias, anteriormente

O Cavalo de Troia

A *Odisseia* faz uma breve menção a uma tática militar que viria a cativar a imaginação de gerações de leitores, mas em grande parte devido à *Eneida*, de Virgílio, onde é recontada com mais detalhes. O Cavalo de Troia foi um gigantesco cavalo de madeira construído pelos gregos e transportado pelos troianos para dentro dos muros de sua cidade como um símbolo aparente de sua vitória militar. Mal sabiam que havia uma tropa de soldados gregos escondida em seu interior. Uma vez dentro da cidade, os soldados entraram em ação, abrindo os portões e permitindo a entrada de seus correligionários – uma cartada que culminou no saque final a Troia.

disseminadas pela palavra falada ou cantada. A verdade é que não sabemos quase nada sobre a figura histórica de Homero, e os fragmentos de informação pseudobiográfica de que dispomos, como o fato de que teria sido cego, são altamente questionáveis. Ambos os poemas abordam questões sobre a memória e a transmissão do conhecimento entre gerações, e, por isso, talvez faça mais sentido pensar em Homero como um criptograma para a conjunção – memorialização – de longas linhagens literárias em novas obras brilhantes e coerentes. A *Ilíada* e a *Odisseia* podem ser enxergadas não como criações de uma única mente brilhante, mas sim como frutos extraordinários de um *zeitgeist* cultural.

O impacto de Homero foi imediato e duradouro. A forma como retratou o plano divino, por exemplo, modificou rapidamente o olhar dos antigos gregos sobre a religião, tornando seus deuses e deusas menos abstratos, mais propensos à empatia. Os relatos de batalhas militares também foram absorvidos pela psique grega, tendo influenciado o olhar sobre táticas e sobre a própria psicologia da guerra. Os poemas logo se tornaram ferramentas vitais de educação, não apenas como modelos literários, mas como pontos de partida para debates filosóficos e éticos mais amplos. Nas palavras de Platão, Homero "ensinou a Grécia".

Os épicos homéricos introduziram um novo formato de narrativa dramática que rapidamente ultrapassaria as barreiras do mundo helênico. Sua estrutura é facilmente identificável nas obras dos grandes poetas romanos, como Virgílio e Ovídio, o primeiro costumeiramente acusado de roubar a *Ilíada* e reconfigurá-la como a *Eneida* no século I a.C. Mas o alcance de Homero foi ainda maior, chegando a Shakespeare, por exemplo, que explorou matéria-prima semelhante (ainda que por um ângulo distinto) em *Troilo e Créssida*. Há quem sugira que até a obra-prima cinematográfica moderna da saga *Star Wars* deve muito à tradição dos épicos homéricos.

A *Ilíada* é um épico em todos os sentidos. Na história dramática que narra. Na linguagem fascinante que usa. Nas questões existenciais que apresenta ao seu público. Ao nos fazer enxergar o mundo por uma lente nova – como definiu o crítico Longinus no século I, "ao registrar da maneira como faz as feridas dos deuses, suas contendas, sua vingança, suas lágrimas, seu aprisionamento e toda a sua miríade de paixões, Homero fez o seu melhor para tornar os homens da *Ilíada* deuses, e seus deuses homens". Mas o que talvez seja mais importante é como a *Ilíada* nos lembra que histórias podem servir de entretenimento e às vezes serem frívolas – e não há problema nisto – mas, no que têm de melhor, unem seu público das formas mais inesperadas e nos ajudam a ter uma melhor compreensão de quem somos e de qual o nosso lugar no mundo. Ninguém, antes de Homero, jamais conseguira isso em tal escala ou de forma tão magistral.

Fábulas de Esopo

AUTOR: ESOPO (ATRIBUÍDO A)
DATA: *C.* SÉCULOS VII/VI A.C.

Gerações de crianças – e de adultos – cresceram consumindo fábulas ancestrais que transmitem ensinamentos em narrativas ilustrativas curtas, memoráveis e, no mais das vezes, altamente divertidas. Hoje, já contabilizando bem mais de dois mil anos de idade, tais fábulas se provaram perenes mesmo quando suas origens são envoltas em mistério. Quaisquer que tenham sido as circunstâncias de sua criação, seu apelo quase universal por um período tão longo sugere que, se muito nos divide enquanto espécie, também há uma linha mestra comunal – uma nascente compartilhada de ética e ideias – que, em última análise, ajuda a nos unir. E é assim que histórias como "A lebre e a tartaruga", "A cigarra e a formiga" e "Pedro e o lobo" garantiram um público global.

Não há dúvida de que as fábulas de Esopo são originárias da Grécia e datam do século VII ou VI a.C., mas para além disso há poucas certezas. Nem sequer sabemos se existiu alguém chamado Esopo ou, caso tenha de fato existido, se foi o responsável pela criação das fábulas. É possível que tenha servido meramente como figura de proa, suposto autor do que era, na realidade, fruto do trabalho de vários contadores de histórias. Há até mesmo dúvidas se não se tratava tão somente de uma compilação de narrativas passadas por via oral de geração para geração, em mudança e evolução constantes.

Qualquer que seja a verdade, alguém chamado Esopo e descrito como um autor de fábulas foi mencionado por Heródoto já no século V a.C. Aparece também nas obras de Aristófanes, mais ou menos na mesma época, enquanto Platão contava que Sócrates teria adaptado algumas das fábulas para o formato de poemas quando esteve preso por ofender autoridades atenienses. Centenas de anos depois, um autor anônimo redigiu uma aparente biografia de Esopo, segundo a qual ele teria sido um escravo da ilha egeia de Samos.

Mudo de nascença e desprovido de qualquer resquício de beleza, ao que consta, Esopo era muito inteligente e sábio, e, por isso, se tornaria celebrado Grécia afora, acumulando uma pequena fortuna. Porém, quando visitou a cidade de Delfos e seus habitantes não quiseram pagá-lo por exibições de sabedoria, Esopo os insultou.

História Antiga

Esopo teve precursores literários na antiga civilização suméria. Os sumérios, frequentemente chamados de primeira civilização urbana e estabelecidos em uma região entre os rios Tigre e Eufrates, já criavam suas próprias histórias ao estilo de fábulas em torno do ano 1500 a.C. Tais narrativas tinham aspectos em comum com as de Esopo, como o uso de animais antropomorfizados como personagens e o intuito de comunicar uma moral básica ou um conselho prático, como a sábia observação que ecoa em "Pedro e o lobo": "Conte uma mentira e depois conte a verdade: a verdade será considerada uma mentira."

O povo da cidade se vingou acusando-o de ladrão e, com o auxílio de provas devidamente plantadas, condenou-o à morte. No desfecho da biografia, Esopo morre na queda de um penhasco, jogado por seus acusadores, ou na tentativa de fugir deles. Como história, é incrivelmente eletrizante, mas sua veracidade é das mais incertas. Atualmente, a maioria dos acadêmicos tende a encarar Esopo como uma espécie de autor simbólico, a quem foram creditadas quaisquer histórias que se encaixassem no formato de fábulas.

É interessante ressaltar que, nas primeiras versões, as fábulas eram vistas como textos voltados para um público adulto e refletiam considerações sociais, políticas e religiosas de seu tempo. Embora não fossem obras filosóficas nos moldes de Platão ou Aristóteles, tais narrativas, por vezes excêntricas – das quais constavam frequentemente animais imbuídos de características humanas –, eram consideradas veículos para temas de peso. Um célebre estadista ateniense, Demétrio de Faleros, foi o organizador da primeira coletânea de que se tem notícia das *Fábulas*, no século IV a.C., sob a proposta de que os aspirantes a oradores deveriam estudá-las. Uma vez traduzidas para o latim por volta do século I, tornaram-se material essencial de estudos também para as classes instruídas do mundo romano.

Ao longo de séculos, as fábulas circularam basicamente entre um público adulto, propagadas em grande parte por pregadores interessados em transmitir parábolas ricas em significado moral. O filósofo John Locke, no século XVII, foi aparentemente o primeiro a perceber seu potencial intergeracional. As *Fábulas*, disse Locke, "são adequadas para encantar e entreter uma criança (...), porém proporcionam reflexões úteis a um adulto. E se sua memória as retiver por todo o restante da vida, ele não se arrependerá de nela encontrá-las, em meio a seus pensamentos varonis e questões sérias". O Rei Luís XIV da França não demoraria a incorporar uma série de estátuas baseadas em várias das fábulas ao projeto de seu palácio em Versalhes, onde esperava que contribuíssem para a educação de seu filho pequeno.

A adaptabilidade das histórias foi o que contribuiu para a sua longevidade. Por serem simples em termos de narrativa e de mensagem, prestam-se à mais ampla receptividade. Estiveram a serviço de públicos que transcenderam fronteiras, dos mais variados credos religiosos, em momentos históricos imensamente distintos. O filósofo da Grécia Antiga, o acadêmico islâmico medieval, o monge da Reforma Protestante, o pensador iluminista, o moralista vitoriano e o educador do século XXI puderam, todos, lançar mão das *Fábulas* para os seus propósitos.

Foi somente nos últimos séculos que surgiu a tendência de se incluir a "moral" de cada história como parte do texto. Entretanto, inúmeras daquelas mensagens simples, ainda que tendo evoluído e se adaptado a seu público, são tão potentes atualmente quanto eram há milhares de anos. Até hoje precisamos ser lembrados, às vezes, de verdades tão simples como a de que é bom pensar antes de agir, de que devagar e sempre se vence uma corrida, e de que as coisas nem sempre são aquilo que parecem ser.

Apolônio de Tiana, filósofo da Anatólia que viveu no século I, resume a magnificência simples daquelas histórias (que somam mais de setecentas) comumente atribuídas a Esopo:

> ... como aqueles que se fartam com os pratos mais simples, ele lançou mão de episódios modestos para ensinar grandes verdades, e, após oferecer uma história, acrescenta-lhe a recomendação de fazer algo ou não fazê-lo. Pois era de fato também mais apegado à verdade do que são os poetas, posto que estes últimos violentam suas próprias histórias para torná-las mais prováveis; mas, ao enunciar uma história que todos sabem não se tratar de verdade, proferiu ele mesmo a verdade pelo simples fato de não alegar ter relatado ocorrências reais.

A Torá

AUTOR: MOISÉS (ATRIBUÍDO A)
DATA: *C.* SÉCULOS VI/V A.C.

A Torá é um livro sagrado do judaísmo e consiste nos cinco primeiros livros do Tanakh, a Bíblia hebraica, que em sua íntegra inclui ainda os "Escritos" ("Ketuvim") e os "Profetas" ("Nevi'im"). Às vezes também é chamada pelo nome grego Pentateuco (Cinco Livros). Reza a tradição que a Torá foi escrita por Moisés a partir das revelações que Deus lhe fez no Monte Sinai. Isto sugeriria sua datação em algum momento na segunda metade do segundo milênio a.C. Outros a consideram produto de múltiplos autores, e a data de sua produção, incerta, ainda que haja referências a leituras dos livros por um escriba chamado Esdras no século V a.C., não muito tempo depois do cativeiro babilônico.

Escrita em hebraico, a Torá é composta pelos mesmos cinco livros que iniciam o Velho Testamento cristão (que equivale ao Tanakh). São eles o "Bereshit" ("Gênesis"), o "Shemot" ("Êxodo"), o "Vayikra" ("Levítico"), o "Bamidbar" ("Números") e o "Devarim" ("Deuteronômio"). Começa com a criação do mundo por Deus e com a Queda do Homem, narrando então o surgimento do povo de Israel, seu êxodo para o Egito e a subsequente escravidão, o encontro de Moisés com Deus no Monte Sinai, quando recebe as tábuas dos Dez Mandamentos, o pacto entre Deus e o povo judeu, os quarenta anos no deserto, e a morte de Moisés no instante em que a Terra Prometida de Canaã surge no horizonte.

Além de fornecer ao povo judeu a história de sua origem, a Torá proporciona orientação a respeito das leis de Deus (há mais de seiscentos mandamentos ao longo de seus cinco livros), dando conta de práticas rituais, leis civis e obrigações morais.

Dou-lhe uma, Dou-lhe duas...

Em 2014, um exemplar da Torá do século XV foi leiloado e atingiu o preço recorde de 3,87 milhões de dólares ao ser arrematado por um comprador anônimo. O livro foi impresso em Bolonha, em janeiro de 1482 e, de acordo com a casa de leilões Christie's, representou "a primeiríssima aparição em formato impresso dos cinco livros do Pentateuco, bem como a primeira à qual foram acrescentadas notas de vocalização e cantilena". A contracapa, impressa em velino, trazia as assinaturas de três censores ativos nos séculos XVI e XVII, confirmando que o volume estivera armazenado numa biblioteca italiana na época. O recorde anterior para um volume em hebraico era de 2,41 milhões de dólares por um livro de orações ricamente ornamentado, produzido em Florença no século XV.

Assim, é um elemento central na vida judaica de forma geral, não só no que se refere à prática religiosa. Em cultos, usa-se a Torá na forma de um rolo manuscrito (Sefer Torá), embora costume ser mais estudada ou lida na vida privada como livro. É costumeiramente lida nas sinagogas às segundas e quartas-feiras e no Shabat (sábado), bem como em outros dias sagrados ano afora. Todo o rolo é lido em sequência ao longo do ano, com início no Sucot, festa realizada em setembro ou outubro.

Devido ao status sagrado, a produção e o manuseio da Torá devem seguir uma série de regras. Embora as primeiras versões tenham sido escritas em papiro, a maioria das Torás usadas em cultos é escrita em couro de animais *kosher* (no geral, bovinos). O texto de um Sefer Torá deve ser escrito em hebraico impecável e desprovido de qualquer indicador de como cada palavra deve ser pronunciada, de maneira que o fiel deve ter conhecimento prévio, caso seja chamado a recitá-lo. Cada página de pergaminho (depois unidas em um rolo) tem 42 linhas, e a Torá inteira é composta de 304.805 letras. Se um escriba (ou sofer) cometer um só erro na produção do texto, será obrigado a reiniciar todo o processo.

Uma vez completo, o rolo é guardado em uma Arca (na realidade, um armário na parte da frente da sinagoga, protegido atrás de uma cortina). Para ser lido, ele é estendido em cima de uma mesa de leitura (*bimah*); então, é erguido pelas alças acima da cabeça do leitor para que todos possam vê-lo. Cada Torá não se limita a ser uma cópia do texto sagrado; ela é um objeto sagrado em si. Por exemplo, se um rolo for acidentalmente derrubado, toda a congregação poderá ser obrigada a jejuar por quarenta dias. Além disso, o artefato tem um papel proeminente em outras cerimônias, como o Bar Mitzvah (ritual de chegada de um menino judeu à maioridade religiosa).

Na condição de documento de fundação da mais antiga das três grandes religiões abraâmicas, a Torá serviu não só como guia espiritual, mas como influência constitutiva na sociedade judaica e na história global por bem mais de dois mil anos. Hillel, o Ancião, líder religioso judeu nascido na Babilônia por volta do século I a.C. e que viveu em Jerusalém no tempo do Rei Herodes, comentou: "Aquilo que é odioso para ti não o faças a teu vizinho. Isto é toda a Torá; o resto é a explicação."

A ARTE DA GUERRA

AUTOR: SUN TZU (ATRIBUÍDO A)
DATA: *C.* SÉCULOS VI/III A.C.

A arte da guerra é o mais antigo tratado sobre táticas militares de que se tem notícia, atribuído a Sun Tzu ("Mestre Sun"), tradicionalmente reconhecido como alguém que viveu no século VI a. C., no Período das Primaveras e Outonos da China (assim batizado em referência aos *Anais de primavera e outono*, uma obra clássica que documenta o período entre os anos 722 e 481). Contudo, há questionamentos significativos sobre a identidade do autor, e muitos acadêmicos consideram que o texto provavelmente é datado de época posterior. Mais certa é a enorme influência de *A arte da guerra* em termos de estratégia marcial, tanto na Ásia como – em séculos mais recentes – mundo afora. Primeiro livro sobre ciência militar e talvez o maior de todos, as muitas lições que oferece também se aplicam a outras disciplinas, do esporte aos negócios e ao desenvolvimento pessoal.

A obra é dividida em treze capítulos, cada um deles focado em um conjunto de habilidades distintas; por exemplo, detalhamento de como se aproximar do terreno, espionagem, planejamento de um ataque, início de uma batalha, movimentação de tropas e carga com poder de fogo. De acordo com *Registros do historiador*, escrito no século I a.C. por Sima Qian, já circulava em torno do ano 500 a.C. uma obra amplamente reconhecida como *A arte da guerra*, atribuída a Sun Wu, teórico militar que

teria, aparentemente, fugido de Qi, seu Estado, em favor do reino de Wu. Consta que o rei de Wu lera o trabalho de Sun Wu e o admirara profundamente, creditando-o por treinar até mesmo as "senhoras delicadas" da corte na arte da guerra. Os paralelos entre Sun Wu e Sun Tzu são óbvios. Contudo, não há muito mais nos registros históricos a corroborar o relato de Sima Qian, o que levou alguns historiadores a especularem que a obra, na verdade, poderia ter sido escrita já no século IV a.C., talvez por um autor chamado Sun Bin, durante o turbulento Período dos Estados Combatentes.

Muitas das táticas descritas são simples e atemporais. Ainda que possam parecer óbvias, nem por isso são menos eficazes. Posta à prova milênios afora, a genialidade de Sun Tzu (ou quem quer que seja o autor) reside em já tê-las reconhecido formalmente tanto tempo atrás. Para sustentar o tratado, há princípios parafraseáveis, como: prepare-se devidamente e ataque quando estiver forte e seu adversário, fraco. "Há cinco pontos essenciais para a vitória", declara o livro. "Vencerá quem souber quando lutar e quando não lutar. Vencerá quem souber lidar tanto com forças superiores como com inferiores. Vencerá aquele em cujo exército a determinação não dependa da patente. Vencerá quem, tendo se preparado, espere até pegar o inimigo desprevenido. Vencerá quem dispuser de capacidade militar e cujo soberano não interfira."

Inúmeras instruções e pílulas de sabedoria de *A arte da guerra* tornaram-se aceitas como princípios fundamentais do léxico da guerra. Observe-se, por exemplo, o adágio: "Se você conhecer o inimigo e a si próprio, não haverá de temer o resultado de uma centena de batalhas. Se você conhecer a si próprio, mas não ao inimigo, a cada vitória se somará também uma derrota. Se não conhecer ao inimigo nem a si próprio, irá sucumbir a cada batalha." Ou a advertência para não se refestelar sobre os louros e desenvolver sempre novas abordagens: "Não se vence uma batalha duas vezes da mesma forma."

Outro componente vital de sua base filosófica: o ideal é evitar a guerra. Conflitos, diz o livro, devem ser sempre a última alternativa, à qual só se deve recorrer quando todos os caminhos diplomáticos tiverem se esgotado. Entram então em cena líderes militares para planejar e executar o combate de forma pensada e estratégica, no intuito de minimizar os danos causados e os recursos exauridos. É fácil entender por que tais ideias reverberam com força ainda hoje. "Tropas que põem os inimigos de joelhos sem jamais partirem para o combate – este é o ideal", pregava Sun Tzu.

As Batalhas nos Estádios

Quando se trata de futebol americano e da National Football League, nunca houve técnico mais celebrado do que Bill Belichick, seis vezes vencedor do Super Bowl treinando o New England Patriots. Sua filosofia de trabalho, que é de conhecimento público, se baseia em *A arte da guerra*. Na parede do vestiário dos Patriots há uma citação do livro: "Toda batalha é ganha antes de ser lutada." Nas palavras de Belichick: "Está tudo lá, há algumas centenas de anos antes de Cristo, em Sun Tzu. Atacar os pontos fracos, lançar mão dos fortes e entender quais os trunfos do seu time. Há coisas que é preciso proteger. Encontrar as vulnerabilidades do seu oponente e atacá-las."

Se o rei de Wu de fato foi conquistado por *A arte da guerra*, ele foi apenas o primeiro de muitos. Em 1080, quando o livro já existia havia cerca de 1.500 anos, o Imperador Shenzong, da Dinastia Song, adotou-o formalmente no cânone literário chinês, declarando-o um dos "Sete Clássicos Militares". Era leitura obrigatória para quem almejasse ser promovido a certos postos imperiais, juntamente com obras como *Os analectos*, de Confúcio.

A fama do livro também não se limitava à China. Por exemplo, no Japão do século XVI, Takeda Shingen, um dos principais senhores feudais (*daimyo*) da província de Kai (a atual cidade de Yamanashi), tinha reputação impecável como comandante militar e ganhou o apelido de "O Tigre de Kai". Conhecido pela eficiência implacável em combate e por exercer o poder de forma estratégica fora dos campos de batalha, teve *A arte da guerra* como profunda influência. Sua bandeira de combate trazia gravada a frase "Fu-Rin-Ka-Zan", cuja tradução, "Vento, Floresta, Fogo, Montanha", é derivada do conceito de Sun Tzu: "Rápido como o vento, silencioso como a floresta, implacável como o fogo, impassível como a montanha." No século XX, personagens tão diversos quanto o líder comunista chinês Mao Tsé-Tung, o general vietnamita Vo Nguyen Giap e Norman Schwarzkopf, líder das Forças da Coalizão durante a Guerra do Golfo de 1991, eram todos estudiosos do livro. Consta que Mao teria dito: "Não devemos minimizar os ditos do livro de Sun Wu Tzu, o grande especialista militar da China Antiga." O general americano Douglas MacArthur, comandante supremo das Forças Aliadas durante a II Guerra Mundial, também afirmava "sempre ter um exemplar de *A arte da guerra* na minha mesa", enquanto Colin Powell – que já foi chefe do Estado-Maior conjunto das Forças Armadas, conselheiro de segurança nacional e o primeiro secretário de Estado negro dos Estados Unidos – observou: "Eu li *A arte da guerra*, de Sun Tzu. Ele continua a influenciar tanto soldados como políticos."

Hoje em dia, é muito comum encontrar uma citação da obra como epígrafe de um livro de negócios ou de um guia de bem-estar, assim como de um tratado militar. Ela também se infiltrou no mundo dos esportes, onde competições em alto nível têm frequentemente um ar de guerra (sem a matança). Em 2002, Luiz Felipe Scolari levou a Seleção Brasileira de futebol à vitória na Copa do Mundo e foi noticiado que, durante a noite, ele passava trechos do livro por baixo da porta dos quartos dos jogadores. Em artigo para o *Irish Times* em 2018, o General David Petraeus, famoso militar americano e posteriormente diretor da CIA, resumiu: "A clássica obra de Sun Tzu é, no fim das contas, um misto fascinante do poético com o pragmático e, em seus mínimos detalhes, tão relevante hoje quanto na época em que foi escrita."

Os analectos

AUTOR: CONFÚCIO
DATA: COLETADOS ENTRE OS SÉCULOS V E III A.C.

Os analectos é a obra sobre os ditos e pensamentos coletados do grande filósofo chinês Confúcio. Pospõe-se à vida do próprio Confúcio (551-479), e é provável que tenham sido seguidores seus os primeiros a coletar material para ele em algum momento do Período dos Estados Combatentes da China (475-221), tendo assumido a forma com a qual estamos familiarizados hoje sob a Dinastia Han (202 a.C.-220). Muito caracterizado como o epítome da "sabedoria oriental", o confucionismo revolucionou a civilização chinesa – e, em maior escala, a asiática – ao promover um código de conduta que exigia um comportamento correto nas esferas pública e privada. Seus ensinamentos continuam a exercer influência significativa hoje em dia.

Ao nascer em Qufu, no Estado chinês de Lu, em 551 a.C., tinha como nome K'ung Ch'iu. "Confúcio" é, na verdade, a europeização de um de seus títulos oficiais posteriores, Kong Fuzi – Mestre Kong. Sua vida coincidiu com uma época turbulenta, quando a calma relativa que imperou na China durante o período denominado das Primaveras e Outonos deu lugar ao mais conturbado Período dos Estados Combatentes. Sua família gozava de algum grau de riqueza e prestígio, e ele não havia chegado sequer aos 20 anos de idade quando se tornou funcionário público da corte de Lu, onde se revelaria um diplomata de habilidade incomum. No posto, desenvolveu um modelo de governo centralizado, seguro e moral, que viria a sustentar seus preceitos filosóficos. Porém, não conseguiu escapar por completo do turbilhão constante de contendas dinásticas que se formava entre as principais famílias aristocráticas, e acabaria por se exilar voluntariamente no ano 497. Fez diversas viagens e trabalhou como professor até retornar a Qufu, onde morreu. As quase duas décadas longe de casa fizeram com que poucas de suas ideias dessem frutos enquanto viveu; caberia às gerações seguintes dar continuidade à sua pregação.

No intuito de conceber governos justos, Confúcio enfatizou os elos entre conduta pessoal e bem comum. Confrontou a tradição chinesa ao questionar que poder e virtude fossem graças divinas conferidas à elite. Argumentou que, na verdade, o agente da vontade divina era a humanidade, à qual cabia criar a ordem moral. A virtude, disse, não se ganha, se cultiva. Defendeu que todos, independentemente de classe social, podiam se comportar com virtude e benevolência e ter um papel a cumprir no desenvolvimento da estrutura social. Além disso, acreditava que bom senso e sabedoria importam mais que obediência cega às regras, e quem tem poder tem que dar o exemplo moral. "Pessoas exemplares", dizia, "ajudam os necessitados, não tornam os ricos mais ricos."

Para uma região havia muito acostumada a viver sob rígida hierarquia social, tais teorias eram incendiárias. O que não quer dizer, no entanto, que ele fosse um completo radical. Em vários aspectos, sua postura diante de questões sociais era tremendamente conservadora. Por exemplo, exigia o respeito a rituais e cerimônias tradicionais (como a de adoração aos ancestrais) e a prática da piedade filial, ao mesmo tempo instando os indivíduos de todos os níveis sociais a aceitarem seu status e a cumprirem seus papéis da melhor forma possível. Enxergava uma sociedade construída sobre relacionamentos recíprocos: o soberano deveria ser benevolente e seu súdito, leal; o genitor, amoroso e seu filho, respeitoso; o marido, justo e a esposa, compreensiva. Veja-se, por exemplo, o seguinte aforismo: "Em casa, um rapaz deve ser um bom filho; fora dela, deve tratar os outros como a seus irmãos. Seu comportamento deve ser confiável e digno, e deve amar o povo como um todo e manter-se próximo a pessoas de benevolência e moralidade. Se ainda lhe restar energia depois de tantas atividades, deve ler de tudo para manter-se culto." Ao fazermos o certo, defendia Confúcio, seremos tratados da mesma forma, e a sociedade se tornará intrinsecamente mais justa. Nos termos de sua "Regra de Ouro": "Não faça aos outros o que não faria a si próprio."

Um elemento-chave do sistema de crenças do confucionismo é a sinceridade, qualidade que, em suas palavras, é "o fim e o início de tudo; sem sinceridade, nada há". Segundo ensinava, "a sinceridade torna-se aparente. Por ser aparente, torna-se manifesta. Por ser manifesta, torna-se brilhante. Por intermédio do seu brilho, afeta terceiros. Ao afetá-los, eles são mudados por ela. Mudados por ela, são transformados. Somente quem é portador da mais absoluta sinceridade que pode existir sob o firmamento tem o poder de transformar."

A "Doutrina do Meio", texto-chave do confucionismo provavelmente escrito por seu neto, Zisi, estabelece a questão da seguinte forma: "A sinceridade é o caminho do Céu. Alcançá-la é o caminho dos homens. Aquele que possui a sinceridade é quem,

Apelo Duradouro

Confúcio pode representar a sabedoria dos antigos, mas continua a atrair novos seguidores. Em 2009, Zhou Beichen, aluno do notório discípulo confuciano Jiang Qing, fundou a Santa Igreja Confucionista. O primeiro templo foi erguido em Shenzhen, uma das maiores cidades da China. Entidade nacional, a Santa Igreja Confucionista da China surgiu seis anos depois, com a meta final de tornar o confucionismo uma religião estatal.

sem esforço, atinge o que é certo e o apreende sem precisar exercitar o pensamento; é o sábio que natural e facilmente incorpora o caminho certo. Aquele que a atinge é quem escolhe o que é bom e a tal se atém firmemente."

Confúcio também era interessado em questões sobre conhecimento e sabedoria. "O que sabemos, saber que o sabemos. Aquilo que não sabemos, saber que não o sabemos: eis o verdadeiro saber", concluiu. Considerava que a educação era a fonte da confiança e esta a fonte da esperança, que por sua vez era a fonte da paz. Também nos convocava a aprender com os erros e, num ponto crucial, corrigi-los, posto que não fazê-lo era cometer um novo erro. "Por três métodos podemos aprender a sabedoria", defendia. "Primeiro, pela reflexão, o mais nobre; segundo, pela imitação, o mais fácil; e terceiro, pela experiência, o mais amargo."

Nos séculos imediatamente posteriores à morte de Confúcio, muito peso foi dado aos supostos *Cinco clássicos*, que acreditava-se que ele tivesse escrito e editado (hoje, esta autoria é bastante questionada). Eram o *Clássico da poesia*, o *Livro dos documentos*, o *Livro dos ritos*, o *I Ching* (ou *Livro das mutações*) e os *Anais de primavera e outono*. Por muito tempo, *Os analectos* foi encarado como secundário, um mero comentário às demais obras. Mas, com o passar do tempo, foi o mais amplamente absorvido. Os exemplares mais antigos ainda existentes, ambos datados de cerca de 50 a.C., foram descobertos na província de Hubei e em Pyongyang, na Coreia do Norte, em 1973 e 1992, respectivamente.

Sua influência se estendeu à Europa no século XVII, quando foi introduzido por missionários jesuítas em missão à China. Entre os que prestaram atenção estava Voltaire, que comentou: "Confúcio não tem interesse na falsidade; não fingiu ser um profeta; não alegou qualquer inspiração; não ensinou uma nova religião; não lançou mão de falácias; não bajulou o imperador sob o qual viveu..." Contudo, é no Leste Asiático que as ideias de Confúcio tiveram mais impacto (ainda que escanteadas por grande parte do século XX, sob o regime comunista chinês) – não somente na China, mas também no Japão, na Coreia do Sul, na Coreia do Norte, em Cingapura, no Vietnã e em outros países da região.

A república

AUTOR: PLATÃO
DATA: *C.* 375 A.C.

A república é o mais famoso tratado de Platão, que, junto a seu mestre Sócrates e a seu discípulo Aristóteles, foi um dos três monstros sagrados da filosofia da Grécia Antiga. Escrito no início do século IV a.C., analisa modelos para uma cidade-Estado ideal e põe em questão o que constitui uma pólis justa e um indivíduo justo. Platão introduziu ainda nesta obra seu conceito de "Formas Ideais", que pondera a natureza da realidade. Apesar de muitas ideias-base de *A república* terem sido descartadas pela filosofia convencional ao longo dos milênios, talvez sua metodologia e seu esplêndido virtuosismo intelectual tenham informado mais a disciplina do que qualquer outra obra. Em 2001, uma enquete da *Philosopher's Magazine* com mais de mil filósofos e acadêmicos elegeu *A república* a maior obra filosófica já escrita.

Platão nasceu em Atenas por volta de 428, no seio de uma renomada família, com acesso à educação de primeira qualidade. Já foi sugerido que seu nome teria sido Arístocles, e que Platão, que significa "largo", seria um apelido, talvez em referência a seu físico atarracado e sua testa larga, ou ainda ao escopo de seu conhecimento. Ele estudou sob a mentoria de Sócrates em sua cidade natal, mas saiu de lá após a execução do mestre no ano 399, acusado de corromper a juventude da cidade com seus ensinamentos. Platão passaria vários anos em viagens ao exterior, porém retornaria a Atenas em 385 para criar sua lendária Academia, onde novas gerações de célebres pensadores – entre os quais Aristóteles – se beneficiariam de sua sabedoria. *A república* foi escrito em algum momento no espaço de mais ou menos uma década que se seguiu à fundação da Academia.

O livro é estruturado como um diálogo socrático entre o antigo mestre de Platão, Sócrates, e uma série de outros filósofos. Como nada dos escritos do próprio Sócrates sobreviveu, para todos os efeitos foi Platão quem preservou as ideias do mestre em seus muitos diálogos. Aliás, o debate acadêmico sobre até onde vão as ideias de Sócrates nesses textos e onde começam as do próprio Platão até hoje não esmoreceu. O diálogo é um veículo para o método socrático (ou dialético), aperfeiçoado por Sócrates – um tipo de argumentação indutiva em que se investiga um tema, um conceito ou um argumento por meio de várias perguntas e respostas. A meticulosa sabatina funciona como um teste minucioso da consistência do argumento ou conceito em pauta. Se desmoronar perante questionamentos, deve ser descartado ou revisado e submetido a novo teste. Assim, o conhecimento dos participantes aumenta até que consigam chegar a uma ideia capaz de se sustentar, mesmo sob o mais intenso escrutínio. Por exemplo, em um dos diálogos de Platão, Sócrates pede a seu companheiro Eutífron que defina piedade. Eutífron diz que o que quer que seja pio é querido dos deuses, mas Sócrates contra-argumenta que os deuses são propensos a desavenças no que se refere a objetos de amor e ódio. Assim, é possível existir algo amado por alguns deuses, mas odiado por outros. De acordo com a definição de Eutífron, um objeto pode ser pio e ímpio ao mesmo tempo – algo ilógico ao ponto de ser absurdo. E assim começa a busca por uma nova definição. Sócrates se comparava a uma parteira cuja tarefa era dar à luz ideias.

Apesar de adotar o método dialético, Platão tinha uma concepção bem distinta da de Sócrates com relação a como alguém pode alcançar o conhecimento. A chave de sua filosofia era a sua Teoria das Formas, pela qual defendia que existe separadamente do mundo material um plano de formas idealizadas. Além disso, nossa alma (considerada por ele a sede da razão, enquanto nosso corpo material seria a dos sentidos) teria existido neste plano antes de sua manifestação terrena e, por isso, trazemos conosco o conhecimento dela. Assim, por exemplo, nós carregamos de nascença um conceito inerente da flor ideal, o que nos permite reconhecer uma rosa, uma orquídea ou uma papoula como variantes dessa forma. E o que vale para flores vale também para cães, para cores ou para montanhas, até para conceitos como justiça e virtude. Julgamos a virtude dos outros comparando-a à forma ideal de virtude que reconhecemos em nossa alma.

O plano das Formas Ideais, sugeriu ele, é o mundo "real", enquanto o nosso mundo material é composto de meras sombras dessas formas. Por isso, Pitágoras pôde visualizar um triângulo perfeito quando algo assim não existe na natureza. Tal noção de realidade foi notoriamente explorada por Platão na "Alegoria da Caverna" de *A república*. Nela, descreve um grupo de pessoas que passaram a vida toda acorrentadas no interior de uma caverna, fitando uma parede vazia, com o pescoço preso para não desviarem o olhar. Atrás delas, uma fogueira crepita, e as sombras de bonecos são projetadas na parede da caverna. Esse mundo de sombras se torna a realidade dos prisioneiros, e nós, disse Platão, somos como eles. Baseamos nosso conhecimento na observação de sombras. Ao invés disso, defendia, o filósofo deve se fiar na razão para reconhecer as verdadeiras Formas Ideais das coisas, como um prisioneiro liberto dos grilhões e livre para virar o pescoço e ver a luz atrás de si. Esta visão mudou a direção do pensamento filosófico, redirecionou o foco da observação do mundo ao nosso redor para o racionalismo: priorizar o discurso interno, pois a "verdade" das Formas Ideais é inerente a nós, não externa.

Até Breve, Sólon!

A família da mãe de Platão, Perictíone, alegava ser descendente de Sólon, notório poeta lírico e reformista social. Tendo vivido entre 630 e 560, foi um dos assim chamados "Sete Sábios" – um grupo de celebrados filósofos e estadistas da Grécia Antiga. Era famoso pelo progressismo. Promulgava leis voltadas para favorecer os pobres e solidificar as tradições democráticas de sua cidade. Suas estrofes, enquanto isso, compreendiam da propaganda patriótica ao erotismo gráfico. Em seu *Protágoras*, Platão reconhecia a associação, descrevendo Sólon como "nosso".

Escrito contra o pano de fundo da recente derrota traumática da democrática Atenas por Esparta e seus aliados na Guerra do Peloponeso, *A república* é onde Platão conclui que filósofos seriam bons detentores do poder em razão de se disporem a obter a compreensão e o conhecimento do mundo e da moralidade, e conclama o surgimento do filósofo-rei: "Até que filósofos governem como reis ou que aqueles que hoje denominamos reis e líderes filosofem genuína e adequadamente, ou seja, até que o poder político e a filosofia coincidam por completo (...), as cidades não se libertarão de seus males (...), não pode haver felicidade, pública ou privada, em nenhuma outra cidade."

Ele disse que o filósofo-rei precisa passar por uma série de testes num processo de educação que dure até a sua chegada aos 50 anos de idade. Além disso, uma sociedade ideal precisaria adotar a propriedade coletiva (eliminando a tentação de se adquirir bens privados) e o governante deveria procurar manter a harmonia social e a justiça, ao mesmo tempo que eliminar qualquer fonte em potencial de corrupção.

Antes de *A república*, a filosofia era essencialmente uma disciplina dividida, onde se olhava ou para a natureza das coisas ou para a ética ou para a política. Mas a obra-prima de Platão forneceu uma nova abordagem abrangente que reunia todos esses aspectos, junto a outros, como a psicologia e a epistemologia (isto é, a teoria do conhecimento). Seu poder nunca se esvaneceu, ainda que as conclusões tenham sido questionadas. Como observou memoravelmente o filósofo britânico Alfred North Whitehead (1861-1947), a filosofia ocidental é um "agrupamento de notas de pé de página a Platão".

História dos animais

AUTOR: ARISTÓTELES
DATA: *C.* 350 A.C.

Aristóteles foi um dos três gigantes intelectuais a nortearem a filosofia da Grécia Antiga. Suas obras são o produto de um intelecto extraordinário que abarcava um sem-fim de temáticas, dentre elas: política, ética, metafísica, lógica, psicologia, física, zoologia, retórica e estética. Como tal, teve profunda influência em praticamente todos os movimentos intelectuais de vulto ocorridos desde então, ao menos no Ocidente. Especificar qual é a sua *magnum opus* talvez seja uma tarefa ingrata, pois quaisquer de suas obras conhecidas (e muitas se perderam) pode ser assim considerada. Contudo, sua *História dos animais* se impõe como empreitada marcante, vista por muitos como o primeiro estudo científico de peso da vida na Terra e o documento fundador da biologia empírica como disciplina.

Aristóteles nasceu em Estagira, na Calcídica (perto de onde está Tessalônica, na Grécia atual), em 384 a.C. Talvez a razão de ter desenvolvido um interesse precoce nas questões do mundo dos vivos tenha sido a profissão do pai, médico na corte da família real macedônia. Aristóteles gozou de uma educação a que só os privilegiados tinham acesso e, aos 17 anos, entrou para a Academia de Platão, em Atenas – lá ele ficaria por vinte anos, primeiro como aluno e depois como professor. Parecia encaminhado para substituir Platão à frente da Academia devido à idade do mestre, mas, na última hora, o posto acabou indo para o sobrinho deste. Além disso, o clima político em Atenas esquentava na época, e Aristóteles percebia que um sentimento antimacedônio começava a ganhar corpo. Por volta do ano 348, decidiu deixar a cidade, partindo para a Jônia (região da Anatólia, na costa do Mar Egeu, onde hoje fica a Turquia) e depois para a Ilha de Lesbos.

Ali sua paixão por biologia e ciências naturais poderia ser explorada a fundo. Se Platão acreditara que conhecimento e sabedoria surgiam a partir da aplicação da razão, Aristóteles tinha certeza de que o estudo da natureza traria a sua própria iluminação. Iniciou um estudo sistemático da flora e da fauna locais, tanto em terra como no mar; buscava cada exemplo que pudesse encontrar de uma espécie em particular para tirar conclusões gerais sobre ela como um todo. Baseando-se em colher evidências e observar repetidamente o objeto de estudo para tirar conclusões mais amplas, prefigurou, em cerca de dois mil anos, o método científico moderno.

Aristóteles pôs sua pesquisa no papel no que se tornaria a *História dos animais* – a maior obra do mundo antigo sobre história natural, zoologia e biologia marinha. É a mais conhecida de suas obras biológicas, juntamente com outros dois tratados posteriores, *Das partes dos animais* e *Da geração dos animais*, configurando um quarto dos seus escritos sobreviventes. A base de sua metodologia era explorar fatos existentes (*hoti*, em grego), no intuito de explicar-lhes as causas (*dioti*). Na prática, isto significava observar a anatomia e a fisiologia animais, investigar diferenças entre partes do corpo e outras características, e explorar modos de comportamento, considerando ao mesmo tempo o que teria sido desígnio original e o que teria ocorrido por mero acaso.

Para tal fim, Aristóteles praticava várias técnicas que impulsionaram de forma exponencial a história natural. Criou um extenso sistema de classificação hierárquica, que serviu de base para a taxonomia que usamos no mundo moderno. Partia da divisão entre categorias vivas e não vivas para então subdividir os tipos de todas as coisas vivas entre, por exemplo, plantas e animais, e as plantas entre ervas, árvores e arbustos, e animais entre terrestres, voadores ou aquáticos, e daí por diante. Todos os grupos compartilhavam certas características; para ser categorizado como ave, um objeto de estudo tinha que ser vivo, ter asas, penas e um bico. Mas Aristóteles não se baseava tão somente em características físicas para a classificação. Examinava quatro "causas" que explicassem a existência: do que algo é feito; qual a forma que assume; como é criado; e qual seria seu propósito (ou *telos*).

Também praticou a dissecação, então nos primórdios, como uma maneira de entender melhor a anatomia dos animais que estudava, embora a parte de sua obra que detalhava tais exames tenha se perdido. Por vezes, Aristóteles se baseava em relatos de terceiros (por exemplo, marinheiros e apicultores) sobre as criaturas que estes haviam observado, e suas conclusões nem sempre foram corretas. Mas algumas de suas análises eram extraordinárias. Foram os casos de seus relatos sobre o fenômeno do mimetismo do polvo e o macho do peixe-gato protegendo as ovas em lugar da fêmea, recebidos como altamente improváveis até serem empiricamente

Bons Tempos

Depois do tempo passado em Lesbos, Aristóteles foi convidado pelo Rei Filipe II a ir à Macedônia e encarregado da educação de seu filho Alexandre, que viria a se tornar célebre sob a alcunha de O Grande, um dos mais eficientes construtores de impérios da História. No tempo que passou na corte, também contribuiu para a educação de outros dois futuros reis: Cassandro (que reinaria sobre a Macedônia) e Ptolomeu (futuro faraó do Egito). Aristóteles, porém, acabaria por se desentender com Alexandre, e até mesmo já se sugeriu (ainda que com fracas evidências) que pode ter estado envolvido na morte do soberano aos 32 anos de idade.

comprovados na Era Moderna. *História dos animais* ampliou enormemente o acervo de conhecimento da humanidade sobre a fisiologia e a natureza de centenas de espécies diferentes.

Mais importante, estabeleceu a base de um sistema dentro do qual os biólogos passaram a trabalhar desde então – a abordagem científica baseada em evidências, que privilegia fenômenos observáveis em detrimento de hipóteses teóricas. O mundo vivo se tornou um ambiente definido não por superstição ou folclore, mas pela investigação racional e pela análise. Depois de Aristóteles, no campo da história natural deixou de ser possível falar em termos do que se acha que está ocorrendo, passando a ser necessário demonstrá-lo.

Tal foi o impacto de sua obra, que ninguém a suplantou substancialmente até o século XVI, quando nomes tão celebrados do mundo da zoologia e da biologia quanto Conrad Gessner, Volcher Coiter, Guillaume Rondelet e Ulisse Aldrovandi dedicaram-se a pesquisas em seus múltiplos cantos da Europa, todos familiarizados com os esforços de Aristóteles e utilizando-os como base. William Harvey, mais conhecido por descrever o sistema circulatório, foi outro a se basear fortemente nas descobertas de Aristóteles em seu trabalho no campo da embriologia. Sir Richard Owen, o celebrado naturalista inglês do século XIX, elogiou suas conquistas em tom definitivo: "A Ciência Zoológica projetou-se a partir de seus esforços, pode-se quase dizer, como Minerva projetou-se a partir da cabeça de Júpiter, em um estado de maturidade nobre e esplêndida."

Os elementos

AUTOR: EUCLIDES
DATA: *C.* 300 A.C.

Os elementos talvez seja o trabalho mais significativo de matemática fundamental jamais escrito. E ainda forneceria as bases do ensino da disciplina século XX afora. Seus princípios básicos prevaleceram até o aparecimento de Albert Einstein, e ainda que a sua *Teoria da relatividade geral* tenha forçado uma reavaliação dos postulados de Euclides, eles ainda continuariam a ser componentes vitais para a compreensão da matemática, mesmo que sua universalidade tenha sido afinal refutada.

Muito pouco se sabe sobre o homem Euclides, a não ser o fato de ter sido atuante em Alexandria, no Egito, durante o reinado de Ptolomeu I (*c.* 367-282), e, ao que parece, ter sido conhecido por Arquimedes (de quem foi um ligeiro precursor). *Os elementos* é composto de treze livros, que investigam:

- A geometria (palavra derivada do grego e que significa "medição da terra") – ramo da matemática que procura abordar questões de formato, tamanho e espaço, bem como a relação entre pontos, linhas, curvas e superfícies

- A teoria dos números – ramo da matemática que estuda as propriedades dos números inteiros e suas relações

Euclides forneceu definições e estabeleceu postulados e proposições variados, pondo-se então a prová-los ou descartá-los de forma totalmente moderna, lógica e científica.

Além de apresentar os seus próprios conceitos e teorias, baseou-se nos trabalhos de outros, entre os quais Platão e vários de seus seguidores, notoriamente o matemático e astrólogo Eudoxo de Cnido (cuja obra se perdeu). Pitágoras e Hipócrates de Quio também foram óbvias influências.

Problemas relativos a extensão, área e volume já tinham impacto sobre a vida cotidiana havia tempo. Como negociar vinho, por exemplo, se nem o comprador nem o vendedor tinham certeza da quantidade de bebida com que lidavam? Ou como uma tribo poderia dividir sensatamente um pedaço de terra sem saber a sua área? Do agricultor e do negociante da Antiguidade ao cientista da computação ou ao projetista de foguetes modernos, a vida faz bem menos sentido na ausência da geometria.

As pessoas já se debatiam com questões geométricas por milhares de anos antes de Euclides, com os antigos egípcios e babilônios tendo sido notórios pelos avanços que obtiveram na descoberta de soluções matemáticas. No Ocidente, enquanto isso, Tales de Mileto usava a matemática para estabelecer a distância entre navios e a costa já no século VII a.C. Mas foi somente a partir de Euclides que a massa de conhecimento geométrico foi assimilada em um sistema unificado e coerente, estabelecendo a referência de rigor intelectual que nortearia matemáticos de todos os ramos por bem mais de dois mil anos. Onde antes predominara a incerteza, Euclides ajudou a definir a matemática como uma disciplina de clareza e certeza.

Por exemplo, ao introduzir seu trabalho sobre geometria plana, Euclides delineou cinco axiomas (ou postulados) básicos:

- Pode-se traçar uma única reta ligando quaisquer dois pontos
- Pode-se continuar (de uma maneira única) qualquer reta finita continuamente em uma reta
- Pode-se traçar um círculo com qualquer centro e com qualquer raio
- Todos os ângulos retos são iguais
- Se uma reta, ao cortar outras duas, forma ângulos internos, no mesmo lado, cuja soma é menor do que dois ângulos retos, então estas duas retas se encontrarão no lado onde estão os ângulos cuja soma é menor do que dois ângulos retos

O alcance de seu trabalho foi vasto e começou a se espalhar pelo mundo imediatamente depois de concluído. Contudo, assim como outras obras clássicas, ele sumiu do horizonte da Europa Ocidental por alguns séculos, tendo sido redescoberto apenas no início do século XII, quando o monge inglês Adelardo de Bath traduziu-o para o latim, trabalhando a partir de uma tradução em árabe (no mundo islâmico medieval, pensadores eminentes, como Omar Khayyám, eram versados em sua obra, apesar de sua indisponibilidade na Europa). A publicação inicial foi em 1482 e, desde então, *Os elementos* já teve cerca de mil edições e é considerado o livro didático mais amplamente distribuído da História. Luminares da ciência e da matemática, como Nicolau Copérnico, Galileu Galilei, Johannes Kepler e Sir Isaac Newton, apoiaram-se, em alguma medida, nos ombros de Euclides, mas seu método também influenciou filósofos de forma geral, de expoentes do Iluminismo, como Thomas Hobbes e o arquetípico racionalista Descartes, a lógicos de períodos posteriores, como Bertrand Russell. Ao trabalhar tendo por base a formulação de teorias testáveis, Euclides norteou a todos. O matemático Eric Temple Bell chegou a compará-lo a um caubói que amarra as quatro patas de um novilho: “É a amarração mais firme, e foi isto que Euclides fez com a geometria.”

Por cerca de dois mil anos, Euclides foi considerado a palavra final em geometria. Einstein então provaria que o espaço pode existir em formas não euclidianas, como

Homem de Muitos Talentos

Omar Khayyám (que viveu na Pérsia entre 1048 e 1131) foi um gigante do mundo islâmico medieval, um intelecto monumental cujo trabalho compreendeu da matemática e da filosofia à astronomia, à história e à literatura. Contudo, sua fama no Ocidente só seria assegurada muito mais tarde, quando uma coletânea de poemas atribuída a ele, o *Rubáiyát*, foi publicada numa tradução para o inglês. Embora sua autoria seja questionada (especialistas só conseguiram atribuir um punhado de estrofes a ele de forma confiável), seu brilhantismo como matemático é inquestionável. Entre seus muitos feitos está o cálculo da duração do ano com formidável exatidão: 365,24219858156 dias.

ao redor da boca de um buraco negro. Mas até mesmo Einstein reconheceu a contribuição extraordinária de seu predecessor:

> Aqui, pela primeira vez, o mundo testemunhou o milagre de um sistema lógico, cujo passo a passo era tão preciso que cada uma de suas proposições era absolutamente indubitável – refiro-me ao *Geometria*, de Euclides. Este admirável triunfo da razão deu ao intelecto humano a confiança necessária em si para conquistas subsequentes. Quem não teve seu entusiasmo juvenil aceso por Euclides não nasceu para ser um pensador científico.

Bhagavad Gita

AUTOR: VYASA (ATRIBUÍDO A)
DATA: *C.* SÉCULO II A.C.

O *Bhagavad Gita* (que se traduz como "*Canção de Deus*") é considerado um dos textos fundamentais da fé hindu e obra essencial na história da filosofia indiana. Composto de dezoito capítulos e cerca de setecentas estrofes, é uma parte de um poema épico muito maior, o *Mahabharata*. Sua influência se estendeu muito além da Índia; é reverenciado também no Ocidente, em grande parte devido à presença imperialista britânica no país a partir do século XVIII. Mahatma Gandhi, maior defensor da independência da Índia, chamava o *Bhagavad Gita* de seu "dicionário espiritual", ao passo que seu primeiro líder pós-independência, Jawaharlal Nehru, comentou: "O *Bhagavad Gita* lida essencialmente com o alicerce espiritual da existência humana. É um chamado à ação para assumirmos as obrigações e os deveres da vida, mas tendo sempre em vista a natureza espiritual e o propósito maior do universo."

O poema se estrutura em torno de um diálogo entre o protagonista, um príncipe chamado Arjuna, e seu cocheiro, confidente e guia, Krishna. A história se dá dentro do contexto mais amplo do *Mahabharata* ("*O grande épico da Dinastia Bharata*"),

que narra os conflitos dinásticos entre dois grupos familiares, os Kauravas e os Pandavas (linhagem à qual pertence Arjuna), em um texto cerca de sete vezes mais longo que a *Ilíada* e a *Odisseia* somadas. No início do *Bhagavad Gita*, os dois braços familiares estão a ponto de entrar em combate em Kurukshetra (que compreende uma área do que hoje são Harianá e o Punjab). Arjuna, porém, hesita, ciente de que está para entrar em conflito com membros da família, amigos e até os próprios professores. "Não gostaria de matar esta gente", diz, "ainda que eles me matem." Abalado pela incerteza, busca conselhos de Krishna.

Segue-se uma profunda reflexão sobre temas como o destino da alma, *dharma* (a lei/verdade cósmica) e a harmonia universal, e o dever de agir. Krishna – revelado como um avatar mortal do deus Vishnu – convence Arjuna da imortalidade da alma e de que seu dever como guerreiro é lutar, mas sem ansiar por benefícios pessoais, contribuindo assim para a ordem correta das coisas. Nos argumentos que apresenta, Krishna une uma série de aspectos da crença hindu a várias filosofias indianas, em especial as tradições védica e iogue. As dúvidas de Arjuna sobre entrar ou não em guerra, mostra Krishna, resultam de sua compreensão incompleta da natureza das coisas. O *dharma*, ensina ele, deriva de atos altruístas.

O *Bhagavad Gita* foi escrito em sânscrito, o idioma ancestral indo-europeu que veio a se tornar uma língua litúrgica acessível tão somente a uma elite com educação formal. De acordo com a tradição, seu autor foi Vyasa (ou, segundo uma lenda, foi ditado a Vyasa pelo deus-elefante Ganesha, que quebrou uma de suas presas para Vyasa com ela escrever). Mas trata-se, provavelmente, de um autor simbólico, e muitos estudiosos são receptivos à ideia de que, na verdade, houve múltiplos autores. Da mesma forma, atribuir a criação do poema a uma data específica é altamente problemático, ainda que pareça improvável que seja anterior ao século V a.C., e a maioria dos acadêmicos favoreça a sua datação ao século II ou III a.C. Com a elegância das estrofes e a ambientação dinâmica, o *Bhagavad Gita* é considerado, por vezes, uma atualização mais acessível dos mais velhos e mais densos *Upanishads*, tratados filosóficos que formavam parte dos *Vedas*, escritos em algum momento entre meados do segundo e meados do primeiro milênio a.C.

Acadêmicos ocidentais começaram a traduzir a obra no século XVIII, e seu impacto, muito além das fronteiras originais, foi instantâneo. Thomas Carlyle, o grande filósofo e ensaísta escocês do século XIX, foi um dos que lhe cantaram loas, chamando-o de "livro inspirador; trouxe conforto e consolo à minha vida". Já se observou ainda que "Se", o mais famoso poema de Rudyard Kipling, que nasceu na Índia, pode ser lido como uma diluição da mensagem central do *Bhagavad Gita*, em especial nos versos "Se encontrando a desgraça e o triunfo/Conseguires tratar da mesma forma a esses dois impostores.../Tua é a Terra, com tudo o que existe no mundo."

Palavras de Grande Peso

Em 26 de fevereiro de 2019, o maior exemplar existente do *Bhagavad Gita* foi revelado no templo da ISKCON (Sociedade Internacional para a Consciência de Krishna), em Nova Délhi, na Índia. Consistia em 670 páginas, medindo 2,8 metros por 2,9 metros e pesando espantosos 800 kg. Publicado pelo Bhaktivedanda Book Trust, foi impresso em Milão, na Itália, em papel encorpado, supostamente à prova d'água, e inclui dezoito ilustrações de página inteira. Foi revelado pelo Primeiro-ministro Narendra Modi, que descreveu o fabuloso texto como "a graça que a Índia concede ao mundo".

Para o transcendentalista americano Ralph Waldo Emerson, foi "o primeiro dos livros; era como se um império falasse conosco, nada pequeno ou indigno, mas vultoso, sereno, consistente, a voz de uma antiga inteligência que em outra época e clima havia ponderado e assim lançado mão das mesmas perguntas que nos movem". Já o ganhador do Prêmio Nobel de Literatura, Herman Hesse, o descreveu como uma "revelação verdadeiramente bela da sabedoria da vida, que permite à filosofia desabrochar e fazer-se religião". Aldous Huxley, por fim, encarava-o no contexto da "filosofia perene", termo cunhado por Gottfried Leibniz como referência à ideia de que todas as filosofias compartilham certos conceitos recorrentes. O *Bhagavad Gita*, declarou Huxley, está entre "os resumos mais claros e abrangentes da filosofia perene jamais revelados; daí seu valor duradouro que se aplica não só à Índia, mas a toda a humanidade". Suas palavras tocaram até mesmo Robert Oppenheimer, diretor do Projeto Manhattan, berço da bomba atômica, por ocasião do primeiro teste de detonação nuclear:

> Sabíamos que o mundo não seria mais o mesmo. Poucos riram, poucos choraram, a maioria ficou em silêncio. Lembrei-me do verso da escritura hindu, o *Bhagavad Gita*. Vishnu tenta persuadir o príncipe a fazer seu dever e, para impressioná-lo, assume uma forma com muitos braços e diz: "Agora sou a Morte, destruidora de mundos." Creio que foi o que todos pensamos, de uma forma ou de outra.

Mas talvez seja melhor deixar para Gandhi a palavra final, ele que encontrou inspiração no texto ao longo de sua luta pela liberdade de sua nação:

> Encontro certo alívio no *Bhagavad Gita* (...) quando dúvidas me assombram, quando as decepções me encaram e quando não vejo um raio de luz sequer no horizonte, retorno ao *Bhagavad Gita* e acho uma estrofe que me conforte; e de imediato começo a sorrir em meio à esmagadora tristeza. Minha vida foi cheia de tragédias externas e, se em mim não deixaram qualquer efeito visível e indelével, isto devo aos ensinamentos do *Bhagavad Gita*.

De re coquinaria

AUTOR: MARCO GÁVIO APÍCIO (ATRIBUÍDO A)
DATA: SÉCULO I

No mercado editorial – pelo menos é assim no britânico –, é sabido que as chances de um autor engordar sua conta bancária são maiores ao publicar releituras das receitas de um chef badalado do que uma análise dos escritos mais recentes de um ganhador do Prêmio Nobel.

Comer é uma das poucas atividades verdadeiramente universais, e as pessoas nunca se cansam de obras que as ensinem a cozinhar as mais deliciosas refeições. Mas a fome por livros de culinária não é um fenômeno moderno. Em diferentes formatos que se transformam ao longo do tempo, eles nos acompanham há milênios. Presume-se que, na Antiguidade, as receitas fossem transmitidas pelo boca a boca, mas o mais antigo volume dedicado à culinária, datado da era romana e escrito em latim, é *De re coquinaria* (em tradução livre, *Falando sobre cozinhar*).

As origens exatas do livro estão envoltas em mistério. As mais antigas edições existentes datam do século IX, e imagina-se que a coletânea de quatrocentas e tantas receitas possa ter sido compilada no século IV ou V. Contudo, o provável é que este volume se baseie em uma série de receitas colhidas de vários chefs diferentes no século I. Um dos mais famosos *gourmets* daquele período foi um certo Marco Gávio Apício, a quem a tradição atribui a autoria da obra em questão. O próprio livro é

Comida para as Massas

Em 1845, uma inglesa chamada Eliza Acton publicou outro livro de culinária antológico que, de certa forma, era a antítese de sua contraparte romana. *Modern Cookery for Private Families* incluía receitas pensadas para atender à classe média, não à elite financeira. Acton apresentou o público britânico a ingredientes novos e exóticos, como o espaguete e a couve-de-bruxelas. Tremendo sucesso, serviu ainda de inspiração para outro livro sobre comida e outros assuntos domésticos que rapidamente o superou em popularidade após a publicação em 1861: o lendário *Mrs. Beeton's Book of Household Management*, de Isabelle Beeton. Apesar de toda a sua sabedoria, a sra. Beeton, pasmem!, recomenda ferver macarrão por 1h45m!!!

chamado, às vezes, de *Apicius*. De qualquer forma, é muito improvável que ele tenha procurado escrever um livro de culinária tal como são os de hoje em dia.

Provavelmente, Apício foi uma das principais fontes das receitas, embora muitas possam, na verdade, ter sido criadas por chefs empregados por ele, um mercador cuja riqueza lhe permitia gozar de vida confortável durante o reinado do Imperador Tibério, na primeira metade do século I. Era famoso pelos lautos banquetes que promovia e talvez fosse remunerado pelo governo romano para entreter autoridades estrangeiras em visita. Mas enquanto seus contemporâneos consideravam-no alguém que expunha o que de melhor Roma tinha a ofertar, outros passariam a enxergar os excessos que promovia como um sinal da iminente decadência do império.

Além de saber oferecer uma mesa farta, Apício também era famoso por conhecer comida a fundo, ou seja, da produção dos ingredientes ao seu preparo. Não se tratava de receitas para qualquer um, e sim para cozinheiros experientes, empregados da riquíssima elite romana. Já tinha reputação plenamente firmada na época em que Plínio, o Velho, chamou-o em sua *História natural* de "o mais glutão de todos os perdulários". Plínio detalhava, por exemplo, como Apício tinha a fama de ter aprendido a preparar uma leitoa de forma que o fígado pudesse ser uma iguaria.

O processo envolvia alimentar o animal com grande quantidade de figos e então dar-lhe hidromel imediatamente antes de abatê-lo. Ao final do século II, Tertuliano chamava Apício de nada menos que "o santo padroeiro dos cozinheiros".

De re coquinaria é dividido em dez seções, cada uma sobre um aspecto específico da cozinha, entre os quais a limpeza, carnes, verduras, leguminosas, aves e pescados. A imensa maioria das receitas incluía molho, preparado no mais das vezes com peixe fermentado ou algum tipo de xarope de uva. O que não fica muito claro é a quantidade de ingredientes a utilizar e, em muitos casos, a técnica exata de preparo. Não raro, as orientações se dão em termos semelhantes a "cozinhar até ficar pronto". Além disso, em muitos casos exigiam-se ingredientes altamente exóticos. Entre as carnes consideradas contam-se as de arganaz, grou, pavão e avestruz. Uma receita demandava do cozinheiro que escaldasse um flamingo para depois acrescentar alho-poró e molho picante (vale ressaltar também que o volume inclui uma série de sugestões de remédios para dor de estômago).

Apício tornou-se lendário pelos extremos a que chegava no intuito de encontrar os melhores e mais raros ingredientes. Ateneu de Náucratis, autor grego (nascido no Egito) do final do século II e início do III, escreveu, em *Deipnosophistae* (*O banquete dos sábios*) – seu relato épico sobre uma série de banquetes oferecidos em Roma, considerado em si uma fonte inestimável de informação sobre a culinária clássica –, que Apício embarcou em uma longa viagem até a Líbia atrás de camarões gigantes. Insatisfeito com os espécimes que lhe apresentaram – e por isso nem sequer desembarcou do navio –, consta que teria retornado à Campânia de mãos vazias e irritado. Sêneca, seu contemporâneo próximo, narra outra história sobre como Apício se engajou num leilão acalorado por uma tainha de tamanho incomum. Seus ensinamentos sobre comida e o seu consumo, sugeriu Sêneca, haviam "corrompido a época".

É verdade que o nome de Apício virou sinônimo de gula. Heliogábalo (também conhecido como Antonino), imperador de Roma entre 218 e 222, era notório pelos excessos hedonistas. Consta que fartava-se de iguarias, tais como pé de camelo, língua de pavão, rouxinol, cérebro de flamingo e cabeça de papagaio, apenas no intuito de imitar Apício. Mas o tempo acabou por acertar contas com Apício, cuja fortuna foi exaurida pelo estilo de vida pra lá de opulento. Aparentemente temeroso de ter que viver com limitações, ele supostamente preferiu se matar.

Quanto do que está em *De re coquinaria* é trabalho de Apício tornou-se assunto discutível, mas é certo que o livro que ostenta seu nome oferece uma janela para a vida na alta sociedade romana. E o que talvez seja mais importante: sua publicação estabeleceu que o formato de livro era veículo não só para as belas-artes e a filosofia, mas também para se explorar prazeres mais corpóreos.

GEOGRAPHIA

AUTOR: CLÁUDIO PTOLOMEU
DATA: *C.* 150

Geographia foi uma obra híbrida marcante do celebrado polímata grego, escrita em torno de meados do século II. Um misto de tratado filosófico sobre a natureza da geografia e da cartografia, atlas e índice de topônimos, serve como um sumário sem paralelo do conhecimento existente nesta seara até aquele momento histórico. Sua influência sobre os geógrafos e cartógrafos do futuro também seria imensa tanto na Europa cristã como no mundo islâmico, estendendo-se até a Idade Moderna. *Geographia* teve papel decisivo para definir como vemos e conceitualizamos o nosso mundo há bem mais de 1.500 anos.

Ptolomeu nasceu em torno do ano 100 e viveu em Alexandria ou muito perto da cidade egípcia, então sob a hegemonia do Império Romano. Como alguém que viveu na África sob domínio romano e escreveu em grego, fez contato com diversas tradições intelectuais. Como outros grandes intelectos da Era Clássica, seu trabalho compreendeu múltiplos campos, entre os quais a astronomia, a astrologia, a matemática e até mesmo a música. Autor de várias obras acadêmicas, *Geographia* é uma das três pelas quais é mais famoso, sendo as outras duas *Almagesto* (que procurava solucionar questões a respeito do movimento das estrelas e dos planetas através da matemática) e *Tetrabiblos*, um tratado sobre astrologia.

Geographia é composto de oito livros divididos em três grandes seções. O primeiro é onde Ptolomeu explica o método que norteou seu trabalho – como colheu e organizou as informações geográficas e cartográficas nos outros sete livros. Quando de

NOVA VISÃO DE MUNDO

Em 1569, Gerardus Mercator, nascido em Flandres, publicou uma nova projeção de mapa-múndi chamada *Nova et Aucta Orbis Terrae Descriptio ad Usum Navigantium Emendate Accommodata* ("Nova e mais completa representação do globo terrestre devidamente adaptada para uso na navegação"). Assim como o trabalho de Ptolomeu, provou-se um divisor de águas, e seu diagrama ainda é evidente nos mapas que usamos hoje. Adolf Erik Nordenskiöld, aristocrata e explorador escandinavo do século XIX, dizia que Mercator "continua a ser insuperável na história da cartografia desde o tempo de Ptolomeu". Em 1595, Mercator cunhou ainda o termo "atlas" para trabalhos cartográficos ao publicar seu *Atlas Sive Cosmographicae Meditationes de Fabrica Mundi et Fabricati Figura* ("Atlas ou meditações cosmográficas sobre a criação do universo e o universo tal como criado").

sua escrita, já se produziam mapas havia vários séculos, mas ele também considerou métodos para a criação de melhores mapas com projeções bem mais precisas.

Os livros de II a VII servem como "índice de topônimos", um catálogo dos locais mais significativos do mundo então conhecido pelos romanos, dotado da latitude e da longitude de cada um. Ao fim do livro VII, ele tece considerações a respeito de uma série de projeções concebidas para possibilitar a representação mais fiel possível de um mapa-múndi; o livro VIII é composto de uma coleção de mapas regionais detalhados. Embora possa ter havido até 64 mapas, as edições futuras tendiam a incluir doze da Ásia, dez da Europa e quatro da África. No que se refere à extensão, Ptolomeu mapeou o mundo conhecido das Ilhas Canárias a oeste até o Magnus Sinus (que equivale hoje a uma área no Golfo da Tailândia) a leste, e das Ilhas Shetland ao norte até as nascentes do Rio Nilo ao sul.

A obra foi concebida a partir das ideias de Ptolomeu, somadas ao conhecimento preexistente coletado de trabalhos mais antigos tanto de Roma como da Pérsia. O autor reconhecia em especial a sua dívida para com Marino de Tiro (esta sendo

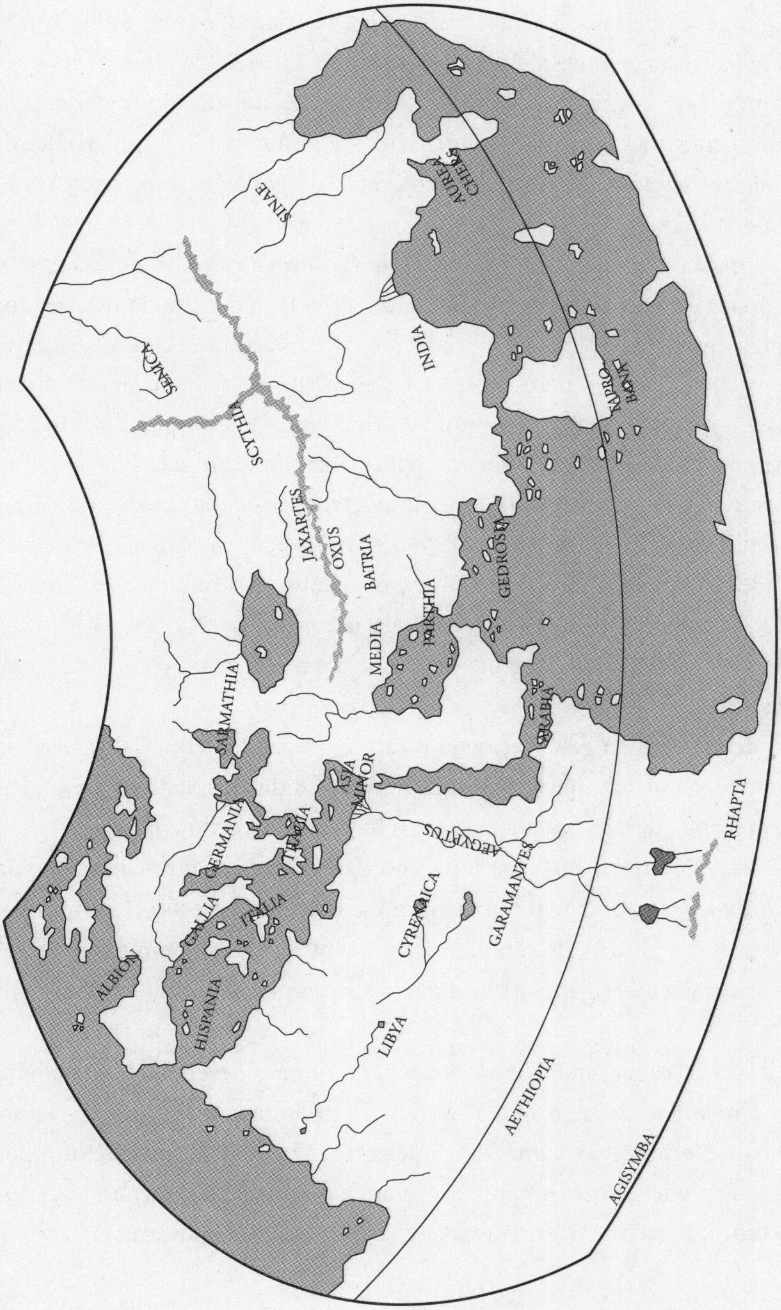

O marcante mapa-múndi da *Geographia* de Ptolomeu (c. ano 150).

uma província romana onde hoje está a Síria), que produzira um atlas – do qual não há notícia de algum exemplar que tenha restado – algumas décadas antes de Ptolomeu escrever *Geographia*. Entre as inovações de Marino estava a adoção de um sistema mais plenamente definido de latitude e longitude. Ambos mostravam ainda disposição muito maior de incorporar informações fornecidas por mercadores e marinheiros às representações cartográficas do que os cartógrafos de gerações anteriores, como Estrabão e Plínio, o Velho.

Embora não exista mais nenhum exemplar de *Geographia* datado de sua época, a obra, assim como outras de Ptolomeu, foi muito copiada e distribuída nos séculos que se seguiram. É certo que circulava em tradução para o árabe no século IX, embora a sua popularidade na Europa pareça ter se esvanecido. As mais antigas versões gregas ainda existentes são datadas do século XIII, depois de o monge bizantino e estudioso Máximo Planudes ter se esforçado para obter um exemplar. Foi no início do século XIV que surgiu a primeira tradução importante para o latim, de autoria do humanista florentino Jacobus Angelus, sob o título *Geographia Claudii Ptolemaei* (houve uma tradução anterior, feita a partir de um manuscrito árabe no século XII, por encomenda de Rogério II da Sicília, mas ela não sobreviveu). Em 1477, uma edição foi impressa em Bolonha. Acredita-se que seja a primeira edição ilustrada de um livro na História.

O trabalho de Jacobus Angelus renovou o interesse do Ocidente na cartografia de Ptolomeu, então esquecida havia bastante tempo. Onde os criadores de mapas medievais, por exemplo, deram destaque a certos lugares de acordo com a percepção de sua importância, Ptolomeu inspirou uma abordagem mais científica (apesar de ainda cheia de erros), baseada na matemática, em medidas mais precisas e com maior atenção às projeções. Seu índice de topônimos, enquanto isso, recuperou o conhecimento preciso de localizações geográficas a que o Ocidente havia estado alheio por muito tempo.

A Europa da Renascença, assim, começou a ver o mundo desenhado de maneira diferente. Para olhos modernos, o mapa-múndi de Ptolomeu é obviamente falho, tanto em termos de orientação como de dimensões. Mas era infinitamente mais preciso do que seus predecessores e, num ponto crucial, forneceu as ferramentas aos cartógrafos do futuro para construírem representações cada vez mais exatas.

2

A Idade Média

O Alcorão

AUTOR: SEGUIDORES DO PROFETA MAOMÉ
DATA: SÉCULO VII

O Alcorão é o texto sagrado primordial do islã, a mais jovem das três maiores religiões abraâmicas. Muçulmanos o consideram literalmente a palavra de Deus, comunicada de forma direta a Maomé pelo arcanjo Gabriel entre os anos 610 e 632. Reza a tradição que escribas companheiros de Maomé (isto é, seus seguidores) teriam posto no papel tais revelações divinas. À parte o status religioso, representa talvez o ápice da realização literária árabe e, sem dúvida alguma, está entre os livros mais influentes jamais escritos.

Maomé nasceu em Meca (cidade-oásis que hoje é parte da Arábia Saudita) e trabalhou como comerciante. Meca era, então, palco de muitas crenças politeístas, mas também o local da Kaaba, santuário em forma de cubo que teria sido construído por Abraão como lugar de adoração a Deus. Maomé pertencia a um clã que tinha a responsabilidade de proteger o santuário. De acordo com a tradição, Gabriel apareceu pela primeira vez para ele numa caverna chamada Hira, no Monte Jabal al-Nour, durante o mês do Ramadã em 610. Maomé, que na época estava com 40 anos de idade, tinha o hábito de ir à caverna sozinho para rezar. Outras visitas se seguiram em anos subsequentes; dizia Maomé que, às vezes, as revelações eram como o toque de um sino, enquanto em outras Gabriel aparecia como um homem e falava com ele.

Especula-se muito que Maomé era analfabeto e por isso recitava as mensagens de Gabriel para seus companheiros, alguns dos quais as memorizavam, enquanto outros gravavam suas palavras em rolos de pergaminho, pedras, talos de folhas de palmeira e até escápulas de camelo. Na época, a transmissão oral e a memorização de estrofes e histórias eram algo disseminado. Maomé era visto, portanto, como um veículo para as palavras que emanavam do próprio Deus, o que leva os fiéis a acreditarem que o texto do Alcorão não está sujeito à revisão por mão humana. As revelações tiveram fim no ano 632 com a morte de Maomé. Exatamente quando se deu a compilação de todas na forma do Alcorão é tema de debates. Zayd ibn Thabit, um dos companheiros, costuma receber o crédito por compilar o conteúdo de várias fontes orais e escritas num único volume. Quando o islã começou a se espalhar para novas regiões com as suas próprias línguas, o Califa Uthman ibn Affan encomendou uma edição padronizada do Alcorão por volta do ano 650, decorridas duas décadas da morte de Maomé.

O Alcorão consiste em cerca de 6.236 versos (*ayahs*) em 114 capítulos (*surahs*), que podem ser categorizados como originários de Meca ou de Medina, dependendo se são anteriores ou posteriores à mudança de Maomé para Medina em 622, quando ele criou uma comunidade muçulmana livre da perseguição religiosa. Embora incluir imagens figurativas no Alcorão seja expressamente proibido, muitas edições ostentam decoração ornamentada no estilo islâmico, fortemente calcado em formas geométricas, motivos florais e caligrafia exuberante. Em termos de conteúdo, é considerado por fiéis a palavra final em todas as questões espirituais e seculares, orientando aspectos diversos da vida, desde a relação do indivíduo com Deus até leis e práticas terrenas, incluindo calendários de preces, alimentação e jejuns, peregrinações, a concessão de esmolas, a proibição da usura, leis relativas a casamento e divórcio, punições apropriadas etc.

Ainda que a existência de muitos ramos do islamismo indique que as palavras do Alcorão se prestam a uma série de interpretações, as palavras em si são sacrossantas. O texto também reconhece uma relação com as escrituras de fundação das outras grandes religiões abraâmicas, mas considera Moisés e Jesus – apesar de terem sido profetas e de terem recebido a palavra de Deus – secundários perante Maomé. Jesus, por exemplo, é descrito como humano, não o Filho de Deus como creem os cristãos. Enfatizando seus preceitos monoteístas, o Alcorão crê na unidade do ser divino e em sua natureza transcendental, constituindo um legado compartilhado tanto com o judaísmo como com o cristianismo, mas que os fiéis creem ter atingido seu zênite com Maomé.

Ainda que de início Maomé só contasse com um pequeno círculo de seguidores composto basicamente de família e amigos, o islamismo se espalhou rapidamente, em especial depois da migração para Medina (uma ocorrência conhecida como Hégira). Em 630, Maomé e seus companheiros haviam obtido o controle de Meca, apesar de sua base continuar a ser Medina. Nos anos 660, o domínio muçulmano havia se estendido muito além da Península Arábica, compreendendo grande parte

Um Velho Sobrevivente

Em 2015, um pesquisador da Universidade de Birmingham, no Reino Unido, começou a investigar fragmentos de um Alcorão que havia muito acumulava poeira em meio a uma coleção de três mil documentos do Oriente Médio, coletados por um padre caldeu, Alphonse Mingana, nos anos 1920. A datação por carbono mostrou que as duas folhas de pergaminho tinham probabilidade de mais de 95% de serem datadas do período entre os anos 568 e 645. Isto as tornaria os exemplos mais antigos do texto do Alcorão ainda existentes. O recorde anterior pertencia ao "Fragmento de Tübingen", datado entre 649 e 675. A descoberta levanta ainda a possibilidade real de que tenham sido escritas por alguém que conheceu pessoalmente Maomé.

dos Orientes Próximo e Médio, do norte da África e da Ásia Central. No coração deste império crescente estava o Alcorão com seus ensinamentos.

Como obra literária, é imbuído das melhores tradições da poesia islâmica, sua natureza poética considerada uma evidência de sua proveniência divina. E, de fato, recitar o texto em voz alta continua a ser uma parte integral do ritual islâmico. A própria palavra "Alcorão" é derivada do árabe, língua em que significa "recitar". Existe, por sinal, uma disciplina, o *tajwid*, dedicada ao ensino das regras que governam a declamação correta do Alcorão, incluindo a pronúncia exata das palavras, onde pausar e retomar a leitura e como assegurar musicalidade à linguagem. A conexão entre revelação divina e expressão poética é feita de maneira explícita no âmbito do texto; os que se opunham a Maomé teriam descartado seus ensinamentos como não mais do que os "enunciados de um poeta".

É possível argumentar que o Alcorão nunca exerceu tanta influência como hoje, quando a população muçulmana no mundo beira os dois bilhões. A interpretação precisa de suas palavras é, por vezes, ferozmente debatida, e isto, em circunstâncias esporádicas, tem ramificações geopolíticas significativas. É inquestionavelmente uma obra que fundiu a paisagem global no último milênio e meio, e parece pronta para continuar a fazê-lo.

O livro de Kells

AUTOR: SÃO JERÔNIMO (E MONGES NÃO IDENTIFICADOS)
DATA: *C.* 800

Chamado, nos *Anais de Ulster* (século XI), de "objeto mais precioso do mundo ocidental", *O livro de Kells* não só é uma relíquia de extrema beleza, como revela a vida espiritual da Europa cristã na época medieval. Trata-se de um manuscrito ricamente decorado à mão dos quatro Evangelhos (traduzidos para o latim), com textos e índices complementares, criado por monges escritores e artistas gráficos por volta do início do século IX.

O destaque de *O livro de Kells* são as ilustrações extraordinárias que revestem suas 680 páginas, um exemplo quase impecável do estilo denominado insular, dominante nos monastérios britânicos e irlandeses entre os séculos VI e IX. Ele consiste em um misto de caligrafia ornamentada, iconografia cristã tradicional e padrões típicos entrelaçados (nós celtas, por exemplo), além de representações de humanos, flora e fauna (gatos e cabras, mas também, em registro mais exótico, pavões e leões), assim como feras mitológicas, tudo em cores vibrantes (muitas das quais derivadas de pigmentos exóticos). A primeira página do Evangelho de João, por exemplo, consiste em somente quatro palavras ("*In principio erat verbum*" – "No princípio era o verbo"), junto a uma ilustração de um João contemplativo, e então a imagem de um bêbado tomando de um gole só sua taça de vinho enquanto um monstro de língua vermelha se posta sobre ele de forma ameaçadora.

A autoria do texto é incerta, embora seja provável que ao menos quatro monges tenham trabalhado nele e três na parte gráfica, e talvez muitos outros. Cada página tem entre dezesseis e dezoito linhas, dispostas em tinta preta, amarela, roxa, azul, verde e vermelha. A maior parte do texto é derivada da Vulgata, tradução das Escrituras para o latim datada do século IV, completada por São Jerônimo, embora haja também material originário da tradução *Vetus Latina* anterior.

O livro de Kells permanece incompleto. Um número considerável de ilustrações é apenas esboçado. O que fica claro é o escopo da empreitada, um volume pensado para uso cerimonial, destinado a habitar o altar e ser lido na missa. O custo teria sido

altíssimo em termos de horas de trabalho e insumos (à parte as tintas, as páginas são de velino, um tipo caro de pergaminho, ou gravadas em pele de novilho, e estima-se que tenham sido necessários uns 200 novilhos para obter material suficiente para todos os in-fólios). O objeto foi pensado para inspirar reverência em quem o contemplasse e venerar o Deus cujas verdades os fiéis acreditam que contenha. Surgido em uma época na qual tendemos a ver a Europa Ocidental como um lugar mergulhado na escuridão, *O livro de Kells* se destaca como uma joia imaculada – uma luz-guia de expressão artística acesa pela fé mais profunda e que muito nos diz sobre a mentalidade de então. Reflete ainda o fato de que, nos séculos que se seguiram ao colapso do Império Romano, foram os monges que mantiveram vivo o latim, língua que espalhara a palavra do cristianismo pela Europa.

Onde exatamente o livro foi criado não se sabe ao certo. Seu nome é *O livro de Kells* por ter sido guardado por vários séculos na Abadia de Kells, condado irlandês de Meath. A abadia foi construída no início do século IX, onde antes havia um povoado fortificado. Foi dedicada a São Columbano, abade e missionário irlandês do século VI, fundador da famosa abadia de Iona, ilha ao largo da costa oeste da Escócia.

Há uma série de teorias sobre como o livro foi parar em Kells. Alguns estudiosos defendem que tenha sido inteiramente produzido *in situ*, enquanto outros sugerem que tenha sido parcial ou totalmente elaborado em outro monastério inglês ou escocês (como Lindisfarne – ou Ilha Sagrada –, na Nortúmbria) e depois levado para lá. A mais difundida das teses é a de que o trabalho foi iniciado em Iona por monges columbanos, e então o livro foi levado para Kells – talvez para protegê-lo de ataques

Pura Beleza

Os anos não afetaram a capacidade do livro de maravilhar as pessoas. Desde 1953, está encadernado em três volumes, dois dos quais se revezam em exposição. Um costuma ficar aberto em uma página ilustrada, enquanto o outro exibe duas páginas de texto. Apesar de ter perdido cerca de trinta páginas, a maior parte delas ainda na era medieval, o artefato continua a ser uma das principais atrações turísticas da Irlanda e recebe mais de um milhão de visitantes por ano.

vikings –, embora a própria Kells tenha sido vítima de vários naquele período. Com um pouco de imaginação, não é difícil visualizar aqueles antigos monges escoceses debruçados sobre a meticulosa tarefa, em cabanas de pedra no formato de colmeia, na ilha assolada pelo mau tempo, dedicados à sua função de inspiração divina em meio às intempéries.

A primeira referência documentada à presença do livro em Kells surge apenas em 1007, quando da menção nos *Anais de Ulster*. Aparentemente, ele havia sido roubado e sua capa dourada adornada com joias, removida, até ser redescoberto depois de vários meses embaixo de um torrão de grama. Tal incidente pode ter resultado na perda de algumas páginas no início e no fim do texto. O livro então permaneceu em Kells até 1654, quando as forças de Oliver Cromwell entraram na cidade e o governador local tomou a decisão incontestavelmente sábia de transferir o livro para Dublin, onde poderia ficar guardado em segurança. Sete anos depois, foi doado ao Trinity College, na cidade, que é seu lar permanente desde então.

Em 1188, o clérigo e historiador Geraldo de Gales escreveu sobre o *O livro de Kells*:

> Este livro contém a harmonia dos Quatro Evangelistas de acordo com São Jerônimo, havendo grafismos diferentes, distinguidos por cores variadas, em quase todas as páginas. Ora pode-se ver a face da majestade, divinamente desenhada, ora os símbolos místicos dos evangelistas,

cada um com asas, seis aqui, quatro ali, duas acolá; uma águia aqui, um bezerro ali, um homem aqui, um leão ali e outras formas quase infinitas. É contemplá-las superficialmente, com um olhar ligeiro, e pensar tratar-se de um apagamento, não de um arabesco. O bom artesanato é para ser visto, mas talvez não o notemos. Um olhar mais atento penetrará o próprio santuário da arte. Descobrirá complexidades, tão delicadas e sutis, tão cheias de nós e elos, com cores tão ricas e vívidas, que pode-se dizer que é tudo trabalho de um anjo, e não de um homem.

O LIVRO DO TRAVESSEIRO

AUTOR: SEI SHÔNAGON
DATA: *C.* 1002

O livro do travesseiro é um inventário de escritos de Sei Shônagon, integrante da corte da imperatriz consorte Teishi ao final do século X e início do XI. Seu misto de textos ao estilo de um diário, reflexões e observações pessoais e numerosas listas nos fornece um olhar singular sobre a vida na corte japonesa no período. É o exemplo original, e o melhor, de um trabalho do estilo denominado *zuihitsu* – gênero no qual fragmentos literários informais e não raro desconectados são reunidos a esmo, geralmente inspirados pela experiência pessoal do autor e pelo ambiente à sua volta.

De Sei Shônagon, sabemos muito pouco – nem mesmo seu nome real. A alcunha pela qual a conhecemos teria sido um apelido formal usado na corte. Os *shônagons* eram conselheiros de importância relativamente pequena no palácio imperial, e o título sugere que era casada com um deles. É provável que tenha se casado, pelo menos, duas vezes. Ela nasceu em torno do ano 965, numa família de cortesãos que jamais alcançou o mais alto nível de importância e não raro sofria com dificuldades financeiras. Contudo, eram aparentemente reconhecidos como uma família letrada, sendo poetas famosos o suposto pai e o avô de Sei Shônagon.

De acordo com documentos da corte e o pouco de informação biográfica que se pode inferir de seus escritos, Sei tornou-se dama de companhia da Imperatriz Sadako por volta de 994. Sentia-se aparentemente desconfortável e deslocada, e optava por se esconder e absorver o vaivém da corte a uma distância segura. "Quando assumi meu papel na corte de Sua Majestade", escreveu, "tantas coisas diferentes me deixavam constrangida que eu nem sequer conseguia considerá-las, e vivia à beira das lágrimas. Como resultado, tentava evitar aparecer perante a imperatriz, a não ser à noite e escondida atrás de uma cortina *kichō* de quase um metro." Ainda assim, logo caiu nas graças da imperatriz, que aparentemente gostava de sua inteligência e bom senso. Na avaliação da própria Sei, era boa de fofoca e conversa, e sempre com um agradável tom de voz. Não demorou para que passasse a transferir seus pensamentos e observações para o papel – recurso caro, que lhe era suprido pela própria imperatriz, que ganhara uma série de cadernos com os quais não sabia o que fazer.

Nem todas, porém, se deixavam conquistar por Sei. Murasaki Shikibu era sua rival na corte. Servia a outra imperatriz consorte, Shoshi (além de ter sido autora de *O conto de Genji*, que também está incluído neste livro), e considerava Sei talentosa, contudo demasiado autocentrada e desejosa de se diferenciar dos demais. Também era, segundo Shikibu, muito frívola, dada a se deixar levar pelas emoções "no intuito de que gostassem dela". Quando o imperador abdicou ao trono em 1011 e a imperatriz perdeu um pouco de seu poder, Sei certamente viu seu status social despencar. A tradição sugere que ela se tornou freira em algum lugar nos subúrbios da cidade imperial e terminou a vida na pobreza.

No entanto, independentemente de como tenha sido o fim de sua vida, *O livro do travesseiro* lhe assegurou a imortalidade (naquele período histórico, "travesseiro" não era o apoio macio de cabeça que a palavra traz hoje à mente, mas um móvel de madeira, geralmente com uma gaveta para guardar um diário ou outros materiais de leitura). Em mais de trezentos itens, cujos tamanhos não poderiam ser menos uniformes – alguns não passam de uma linha, enquanto outros ocupam várias páginas –, Sei expõe a seus leitores um mundo, tanto exterior como interior. Aprendemos muito, por exemplo, sobre os costumes da alta sociedade no Período Heian, que durou de 794 a 1185 e no qual o Japão transferiu sua capital de Tóquio para Kyoto. Aquela foi uma era de ouro para a cultura originária do país, valorizadíssima pela corte, e se refletiu no esvanecimento da influência chinesa. Este último aspecto, em particular, favorecia Sei. Na época em que ela escreveu, ainda era costumeiro que os homens o fizessem usando caracteres chineses (para sinalizar o seu alto nível de educação), ao passo que as mulheres eram livres para escrever na língua-mãe japonesa (usavam um sistema chamado *hiragana*, no qual símbolos representavam sons de sílabas). Sem amarras, as escritoras do Japão tinham liberdade de expressão bem maior e, em função de seu texto ser mais acessível, tendiam a atrair um público mais amplo.

Embora o ponto de vista de Sei sobre a vida na corte seja fascinante, são as suas reflexões pessoais e as suas listas tão frequentemente divertidas que concedem à obra um tom decididamente moderno. Ela sempre afirmou que começou a escrever *O livro do travesseiro* apenas para si, e sua prosa irradia um senso de espontaneidade e libertação. As palavras soam livres de qualquer obrigação de agradar ao público e, por ter em mente apenas o desejo de satisfazer a si própria, ela também nos satisfaz. Em dado momento, por exemplo, pondera sobre a necessidade de um pregador ter boa aparência, pois precisa manter os olhos da congregação fixos nele e em sua fala para que todos possam absorver devidamente seus dignos sentimentos. Noutro momento, observa que "um bom amante se comportará com tanta elegância ao nascer do dia como em qualquer outra hora". Há ainda o texto em que, sob o título "Os homens têm mesmo emoções estranhas", fulmina aqueles que amam mulheres "feias" num tom que mais parece o de um chat na internet dos tempos modernos.

Numa passagem memorável, ela relata sua ira ao fazer uma peregrinação a um santuário budista e se deparar com o lugar já lotado de "plebeus" prostrados. Pareciam "bichos-de-cesto (...) com suas roupas medonhas", resmunga, e acrescenta que "minha vontade era empurrá-los todos para os lados". Mas nem tudo no livro é amargor. Ela conta, por exemplo, a história triste de um cão espancado quase até a morte após atacar o gato da imperatriz, mas que acabaria sendo aceito de volta à corte, onde recebeu o perdão imperial e foi tratado por um grupo de simpáticas damas de companhia.

Apesar de o público-alvo de Sei ser ela própria, seus escritos não tardaram a circular de forma mais ampla – até mesmo antes de o volume estar completo. Um texto próximo ao final do livro descreve como um emissário da corte a visitou em casa certo dia, antes de ela ter a oportunidade de esconder o diário. O homem o pegou, recusou-se a devolvê-lo e o levou; o manuscrito só voltou às mãos dela muito tempo depois. "Imagino que tenha sido quando começou a circular", conclui Sei. "Na verdade, escrevi com o espírito da diversão e sem ajuda de ninguém tudo aquilo que a mim se apresentou como sugestão." A História é grata por tê-lo feito.

Aquiete-se, Meu Coração

As famosas listas de Sei Shônagon em *O livro do travesseiro* são mais de 150, muitas delas idiossincráticas e tremendamente divertidas. Vejam, por exemplo, "Coisas que fazem o coração de alguém bater mais rápido". Os itens incluem de pardais alimentando seus filhotes à passagem por algum lugar onde bebês estejam brincando, de dormir em um quarto onde se tenha queimado incenso a notar que "o elegante espelho chinês de alguém se encontra ligeiramente embaçado" e ver "um cavalheiro parar sua carruagem perante o portão de entrada de seu destino e instruir quem o recebe a anunciar sua chegada". Sua alma romântica fica ainda mais evidente no último item da lista: "É noite, e alguém espera um visitante. De súbito, assusta-se com o som das gotas de chuva, sopradas pelo vento contra as venezianas."

O conto de Genji

AUTOR: MURASAKI SHIKIBU
DATA: INÍCIO DO SÉCULO XI

O conto de Genji, uma obra de ficção, retrata a vida entre as cortesãs do Japão do Período Heian, uma época rica em cultura e intriga política, quando as aparências tinham enorme importância. Sua autora, Murasaki Shikibu – um pseudônimo, pois seu nome verdadeiro é certamente desconhecido –, foi ela mesma uma cortesã, tendo servido como dama de companhia da Imperatriz consorte Shoshi. As referências históricas mostram que o livro foi terminado o mais tardar no ano 1021. O manuscrito original – registrado em resmas amarradas e dobradas como uma sanfona – já não existe, mas a obra é citada regularmente como o primeiro romance da História mundial. Nas palavras de Yasunari Kawabata, primeiro escritor japonês a ganhar o Nobel de Literatura: "*O conto de Genji*, em particular, representa o ápice da literatura japonesa. Mesmo nos dias de hoje, não há uma obra de ficção que se compare."

O livro tem início com a história de Hikaru Genji ("o Príncipe Brilhante"), filho do Imperador Kiritsubo, e uma de suas concubinas mais humildes, e continua com as sagas de dois de seus descendentes, Niou e Kaoru. Há consenso de que o personagem Genji é baseado em um dos ministros da corte daquele período. É um livro longo, com cerca de 54 capítulos e quase duas mil páginas na tradução em português. A linguagem, bastante lírica e poética, pode ser densa para o leitor moderno não familiarizado com a prosa do Período Heian. Mas nada deixa a desejar em termos de sustentação do interesse narrativo. No início, Genji é vítima de manobras políticas que o fazem perder seu lugar na linha de sucessão. A trama passa a seguir o belo e robusto protagonista ("tão lindo que as mais belas damas da corte não lhe faziam justiça como pares") no cotidiano de autoridade imperial, acompanhando seus muitos episódios românticos e observando os costumes, práticas e fraquezas do meio aristocrático que habita. Numa camada, a leitura tem algo de Jane Austen para fãs do Japão medieval, mas funciona também como uma crítica à sociedade Heian e sua suposta obsessão com as aparências externas em detrimento da moralidade interna.

Murasaki Shikibu (ou "Senhora Murasaki", palavra que significa "alfazema") tem o mesmo nome do principal interesse amoroso de Genji, e imagina-se que tenha nascido nos anos 970, num ramo secundário de uma das famílias mais poderosas do Japão no período, os Fujiwara. Seu pai foi, provavelmente, uma autoridade de médio escalão que permitiu à filha obter boa educação, algo raro para a época. Ela parece

ter se casado com um homem mais velho que já tinha outras esposas, tendo começado a escrever somente após a viuvez. A fama como poeta, porém, veio rápido e logo a pôs numa posição que, se não era central na corte, ao menos a tornava bem-vinda na alta sociedade. A partir de uma perspectiva periférica e budista, foi testemunha de todas as artimanhas e maquinações, dos romances e flertes, dos rompimentos e desavenças que definiam a vida na corte. E os despejou em *O conto de Genji*. Vale mencionar, no entanto, que certas passagens diferem em estilo e tom do restante do livro, e, segundo alguns estudiosos, podem ter sido escritas por terceiros. Também se especula que o final um tanto abrupto seja indicativo de se tratar de uma obra inacabada.

Ao criar sua obra-prima, Murasaki adotou muitos dos elementos que associamos ao romance moderno. Um indiscutível protagonista – ponto central da narrativa – é retratado com riqueza de detalhes e profundidade psicológica, bem como os personagens mais destacados dentre um vasto elenco secundário (que chega à casa das centenas). A trama se desenrola de forma mais episódica do que progressiva, mas a ação desenvolve os personagens, e há consistência interna mantida ao longo da narrativa. Seus temas, enquanto isso, são emocionalmente instigantes e repletos de tensão dramática. Ela explora, por exemplo, a natureza do amor romântico (incluindo as decepções), a força inescapável da passagem do tempo e, num aspecto fundamental,

Rainha do Gênero

Murasaki Shikibu é famosa pela autoria de duas outras obras importantes. A primeira é uma pequena coletânea de poemas, *As memórias poéticas*, publicada em torno de 1014. A segunda, *O diário da senhora Murasaki*, é uma antologia de textos de diários escritos no idioma japonês de então e inclui cartas e poemas datados do tempo que passou na corte. É de onde se colhe a maior parte das informações biográficas a seu respeito, e também onde se pode ler suas críticas a Sei Shônagon, a autora de *O livro do travesseiro*. Se o Período Heian foi um período de ouro para as escritoras japonesas, fica claro que só havia solidariedade até certo ponto.

a tristeza que acompanha a existência humana. O estilo da prosa e certos aspectos estruturais podem ser datados (muitos personagens não têm nome e são referidos somente por posição social e função), mas os aspectos-chave de *O conto de Genji* continuam a ser extremamente cativantes e relevantes para um público moderno.

Embora nenhum manuscrito original feito à mão por Murasaki tenha sobrevivido ao tempo, um belo pergaminho ilustrado do século XII com cenas do livro é designado um "Tesouro Nacional". O mais antigo manuscrito ainda existente foi escrito na primeira metade do século XIII por Fujiwara no Teika. Na época, acreditava-se haver em circulação uma série de versões ligeiramente diferentes do livro. A primeira tradução em inglês de trechos da obra foi feita por Suematsu Kencho em 1882, mas somente entre 1925 e 1933 surgiu uma tradução quase completa (do orientalista Arthur Waley). O primeiro volume foi resenhado na *Vogue* inglesa por Virginia Woolf. Ela expressou surpresa por Murasaki "contemplar da sua janela em treliça flores a desabrocharem 'como os lábios de gente que sorri com os próprios pensamentos'", enquanto antepassados de "Tolstói, Cervantes e outros grandes contadores de histórias do mundo ocidental (...) lutavam ou acocoravam-se dentro de suas choupanas". Disse ainda:

> Todas as comparações entre Murasaki e os grandes autores do Ocidente servem apenas para destacar nela a perfeição e neles, a força. Mas é um belo mundo; a dama calada, com sua criação, seu olhar e sua jocosidade, é uma artista perfeita; e por anos nos poremos a assombrar-lhe os bosques, a observar-lhe as luas crescentes e a precipitação da neve, a ouvir o chamado de seus gansos selvagens, o tilintar e o badalar de suas flautas, alaúdes e flajolés, enquanto o príncipe prova e experimenta todos os estranhos sabores da vida e dança com tal primor que aos homens inspira o choro, mas nunca ultrapassa as fronteiras do decoro ou relaxa sua busca por algo diferente, algo requintado, algo clandestino.

Jorge Luis Borges era outro admirador e observou: "*O conto de Genji*, tal como traduzido por Arthur Waley, é escrito com uma naturalidade quase milagrosa, e o que nos interessa não é o exotismo – a horrenda palavra –, mas sim as paixões humanas do romance. Tal interesse é justo: a obra de Murasaki é o que se poderia chamar com absoluta precisão de um romance psicológico."

Magna Carta

AUTOR: STEPHEN LANGTON, ARCEBISPO DE CANTERBURY
DATA: 1215

A *Magna Carta* foi um acordo costurado no início do século XIII pelo Rei João (João I da Inglaterra, também conhecido pela alcunha de João Sem-Terra), com um grupo de barões rebeldes, no intuito de evitar uma guerra civil. Produto do pragmatismo político, voltava-se para a preservação da riqueza e do poder de uma elite política. Mas seu impacto foi muito além do que poderiam ter sonhado quaisquer de seus signatários. É vista de forma geral como nada menos que o documento de fundação dos ideais democráticos e das liberdades civis que sustentam a maior parte do mundo ocidental desde a sua criação, há cerca de oitocentos anos.

O Rei João havia chegado ao trono em 1199, como sucessor de seu irmão, Ricardo I (o "Coração de Leão"). O reinado de Ricardo fora basicamente pacífico dentro de suas fronteiras e também razoavelmente próspero. Ele passara a maior parte do tempo fora do país, nas Cruzadas, e os barões ingleses puderam supervisionar questões domésticas quase sem interferência da Coroa. João, no entanto, era outro tipo de governante. Cria em seu direito divino de reinar e procurou impor sua vontade e, ao mesmo tempo, fazer todo o possível para engordar os cofres reais. Foi rígido na cobrança de impostos devidos por herança, taxas de compensação por não prestação de serviço militar e até sobre as propriedades de viúvas que tivessem se casado de

novo. Os barões não receberam bem sua mão pesada, e o descontentamento entre eles cresceu rapidamente.

A situação degringolou quando João promoveu uma série de onerosas incursões à França, culminando na perda da Bretanha e da Normandia em 1214. O país se dividiu entre os barões dispostos a partir para cima do monarca, aqueles que permaneciam leais a ele, e uma maioria que evitava marcar posição. Em 1215, Stephen Langton, arcebispo de Canterbury e a mais poderosa personalidade religiosa do país, sentiu-se compelido a intervir. Em 15 de junho daquele ano, os dois lados se reuniram em Runnymede, às margens do Rio Tâmisa, entre Londres e Windsor, para corroborar um documento esboçado por Langton.

O acordo oferecia uma série de garantias sobre direitos da Igreja, taxação, acesso à Justiça e proteção contra prisões ilegais. Ainda assim, as picuinhas continuaram, acima de tudo porque os barões acusaram João de descumprir suas promessas de imediato, e desaguaram na Primeira Guerra dos Barões, na qual se fizeram planos para substituí-lo pelo futuro Luís VIII da França. Mas João morreria antes do fim do ano seguinte (vítima de disenteria) e seria substituído por seu filho de nove anos, Henrique III. A *Carta* ainda passaria por uma série de revisões e reedições ao longo dos anos seguintes, sendo as mais famosas a de Henrique em 1225 (a versão que entraria nos estatutos) e a de 1258, quando as "Provisões de Oxford" estabeleceram termos para que um Conselho Privado eleito pelos barões aconselhasse o monarca e formalizasse a convocação do Parlamento três vezes por ano.

Mas como isso viria a importar tanto para o mundo em geral? Apesar de menções à "comunidade de toda a terra" e ao "consentimento do reino", a real intenção da *Magna Carta* era consolidar o poder de um monarca apoiado por uma elite social. Os direitos nela expressos se estendiam àqueles considerados homens livres, mas pouco havia a celebrar para os "não livres": servos e vilões que ganhavam a vida a serviço de seus lordes, uma classe que correspondia a mais da metade da população.

No entanto, os barões haviam feito algo formidável, quase como efeito colateral. Apesar de seu interesse nos dramas da gente comum ser quase nenhum, estabeleceram uma série de precedentes e princípios cruciais. Primeiro, o de que um monarca não poderia simplesmente governar da forma que lhe conviesse. Um rei (ou rainha) poderia ser cobrado por seus atos e ter de se explicar perante a lei. Noutras palavras, prevalecia o estado de direito.

Sob Medida

Embora o número exato não seja conhecido, supõe-se que ao menos treze cópias da *Carta* original foram editadas em 1215 para o uso de várias autoridades. Hoje, porém, apenas quatro existem e só uma está lacrada com o selo real. Todas permanecem no Reino Unido: uma na Catedral de Lincoln, outra na de Salisbury e duas na Biblioteca Britânica, em Londres. Estas últimas foram coletadas no século XVII pelo político e antiquário Sir Robert Cotton. Uma supostamente lhe foi doada por um advogado, Humphrey Wyems, que a descobriu numa alfaiataria londrina!

Sob a mesma lógica, os homens livres do reino teriam o direito de esperar que a justiça seguisse o "devido processo legal" e que ninguém fosse privado de sua liberdade sem ele. Das 63 cláusulas originais da *Carta*, apenas três continuam a valer, mas incluem a inovadora Cláusula 29: "Nenhum homem livre poderá ser apreendido ou aprisionado, privado de seus direitos ou posses, criminalizado ou exilado, privado de sua posição de qualquer outra forma, e contra ele não procederemos com uso da força ou enviaremos outros para que o façam, exceto perante o julgamento legal de seus iguais ou pela lei da terra. A ninguém venderemos, a ninguém negaremos ou adiaremos direitos ou justiça." Em meados do século XIII, chegou-se ao entendimento de que tais direitos deveriam ser estendidos a qualquer pessoa, independentemente de seu status social.

No século XVII, o jurista inglês Edward Coke baseou-se substancialmente na *Magna Carta* para escrever a "Petição de Direito", que procurou limitar os poderes da Casa de Stuart. Há ainda ecos claros do acordo dos barões de 1215 na Declaração de Direitos da Inglaterra (1688) e na dos Estados Unidos (1791). Ela influenciou constituições por todo o Novo Mundo e também se faz presente em documentos que marcaram época, como a Declaração Universal dos Direitos Humanos (1949). Nada mal para um documento feito no improviso, apenas para reprimir um foco de descontentamento local na Inglaterra tantos séculos antes.

Nas palavras de Sir Winston Churchill, em seu livro *Uma história dos povos de língua inglesa* (1958): "E quando em subsequentes eras o Estado, engolfado pela própria autoridade, tentou cruelmente passar por cima dos direitos e liberdades do indivíduo, é a esta doutrina [*Magna Carta*] que apelos foram feitos repetidas vezes, e nunca até hoje sem êxito."

A DIVINA COMÉDIA

AUTOR: DANTE ALIGHIERI
DATA: 1320

Dante Alighieri terminou *A divina comédia*, seu visionário poema épico em três partes, em 1320, depois de trabalhar nele por cerca de doze anos. Uma rica alegoria que bebe em fontes literárias preexistentes – religiosas, clássicas e seculares –, a extraordinária narrativa em primeira pessoa acompanha a viagem do protagonista pelas três esferas do mundo dos mortos: Inferno, Purgatório e Paraíso.

O poema é um marco em vários aspectos. Como peça de literatura, tem seu lugar no mais alto panteão, e há setecentos anos é um pilar do cânone ocidental, a ponto de T.S. Eliot sentir-se instado a declarar: "Dante e Shakespeare dividem o mundo entre eles. Não há um terceiro." A decisão de Dante de não escrevê-lo no latim adotado por outros autores da época, e sim no vernáculo florentino, marcou uma guinada súbita na tradição literária, tornando a obra acessível a um público muito maior e ajudando a estabelecer as bases da língua italiana moderna. Mas o poema teve também um profundo impacto no entendimento popular dos ensinamentos religiosos. Dante tinha raízes nas tradições católicas romanas que dominavam a vida europeia de então (ainda que não de forma acrítica), e talvez *A divina comédia* tenha feito mais do que a própria Bíblia para moldar percepções do Além, em especial no que se refere à natureza do Inferno ("Vós que entrais, abandonai toda esperança!").

Nascido em 1265, Dante cresceu na cidade-Estado italiana de Florença, então um vespeiro de intriga política. Tornou-se boticário, embora pareça ter sido uma porta de entrada para uma das guildas profissionais – pré-requisito para se construir carreira política – e não por qualquer grande paixão pela atividade de farmacêutico. É provável, além disso, que seus instintos literários o tenham influenciado, pois não era raro que boticários também fossem livreiros. Se jamais ocupou posição de destaque na vida política de sua cidade, cerrava fileiras com os guelfos, apoiadores do papa em seu duradouro conflito com os gibelinos alinhados ao Sacro Império Romano. Após a derrota destes últimos, os guelfos se dividiram em facções rivais, levando Dante a exilar-se de sua cidade natal por muitos anos, período no qual parece ter começado a conceber *A divina comédia*.

No início, porém, ela não era "divina". Ele batizou a obra apenas de *Comédia*, e o *divina* foi acrescentado bem depois por outro grande autor italiano do período, Giovanni Boccaccio. Em termos de estrutura, o poema, dividido em três livros – ou *Cantiche* –, tem cerca de 14.233 versos e uma centena de cantos ("Purgatório" e "Paraíso" têm 33 cada, enquanto "Inferno", 34).

A ação, passada em 1300, se inicia imediatamente antes da aurora da Sexta-Feira Santa e vai até a quarta-feira seguinte, e Dante, o Narrador, goza da companhia de três guias em sua jornada espiritual. Nas visitas ao Inferno e ao Purgatório, é acompanhado pelo grande poeta romano Virgílio, enquanto quem vai com ele ao Paraíso é Beatriz, uma mulher idealizada, baseada numa pessoa real que Dante havia conhecido na juventude, em Florença. Fora apaixonado por ela, que morrera jovem.

A aventura épica tem início com os famosos versos:

No meio da jornada da nossa vida,
Eu me encontrei dentro de uma floresta escura,
Pois o caminho direto havia sido perdido.

Assim tem início sua descida ao Inferno, composto de nove círculos concêntricos, cada um habitado por uma "classe" distinta de pecadores (expoentes, respectivamente, da luxúria, da gula, da ganância, da ira, da heresia, da violência, da fraude e da traição). Todos pagam o preço por seus crimes contra Deus, e os horrores são descritos com uma riqueza de detalhes que perdura na mente. O primeiro círculo é o

Limbo, onde ficam os espíritos dos mortos não batizados e pagãos "virtuosos"; menos violento que os demais, é marcado por uma tristeza eterna e pela desesperança de ascensão ao Paraíso. É onde reside Virgílio.

Os viajantes seguem então para o Purgatório, escalando um precipício íngreme onde há sete plataformas, cada uma correspondente a um dos sete pecados capitais. É onde Dante reflete sobre a natureza do pecado e suas raízes no amor – sendo este um amor deficiente, desordenado, pervertido ou mais do que moral. A subida do Purgatório apresenta ainda ao autor a oportunidade de criticar o que considera as falhas da Igreja Católica e ponderar em temas políticos contemporâneos de maior escopo, sobre os quais não faltava assunto a Dante devido à sua experiência com o exílio político.

Ao atingirem o cume da montanha, Dante e Virgílio chegam ao Jardim do Éden, uma manifestação da inocência pré-pecado original que a viagem Purgatório acima se destina a recapturar. É quando Beatriz se junta a Dante para seguir viagem com ele até o Paraíso, guiando-o através das nove esferas celestiais, diretamente até o Empíreo – o assento de Deus (onde São Bernardo o guia através do estágio final). No caminho, Dante encontra várias figuras santificadas, incluindo Tomás de Aquino, São Pedro e São João.

Chaucer

A adoção do vernáculo por Dante foi um marco não só para a literatura italiana, mas para sua própria língua. A escolha foi decisiva para moldar o desenvolvimento de uma *lingua franca* nacional. Geoffrey Chaucer, autor de *Os contos de Canterbury* – outra das pedras fundamentais da literatura mundial –, é creditado frequentemente por ter feito algo semelhante para a língua inglesa ao optar por escrever em inglês médio e não nos esperados francês ou latim. Thomas Hoccleve, seu quase contemporâneo, o descreveria como "o primeiro descobridor de nossa bela língua". No entanto, o ousado passo de Dante foi dado quase oitenta anos antes.

Para além da evidente influência das Escrituras nessa jornada teológica, Dante também colheu inspiração de outros quadrantes. Os aspectos cosmológicos de sua obra devem muito às ideias de Ptolomeu, por exemplo, enquanto seu alicerce filosófico está em Aristóteles. A influência de Homero e, óbvio, de Virgílio também é clara. Mas Dante, a partir de influências tão disparatadas, criou em sua mistura algo inteiramente singular e sem precedentes. Há séculos – até hoje –, nossa visão coletiva de Paraíso e Inferno tende a ser enraizada naquela que ele apresentou em *A divina comédia*.

Sua influência sobre os que vieram depois é incomensurável. As digitais de Dante se fazem notar em diversas vertentes da produção cultural tanto da Reforma Protestante como da Renascença, mas também se estendem além. Pode-se especular, por exemplo, se John Milton poderia ter escrito *Paraíso perdido* caso antes não tivesse havido Dante. No século XIX, foi a vez de William Blake reapresentar a obra a um novo público ávido pelo Romantismo, enquanto modernistas como James Joyce e T.S. Eliot também citavam Dante como uma das influências de sua formação. Joyce chegou mesmo a dizer: "Eu amo Dante tanto quanto a Bíblia. É meu alimento espiritual, o resto é lastro."

À parte o mérito artístico de seu trabalho, Dante ajudou a mudar a forma como a literatura era consumida. Ao escrever no vernáculo, conquistou um público bem mais amplo do que se tivesse escrito no latim usado pela elite. Ao ousar nesta direção, abriu caminho para que outros também o fizessem, em especial Boccaccio e Petrarca. Porém, em termos mais gerais, *A divina comédia* pode ser visto como um salto na direção da Era Moderna. É produto da bravura de se fundir religião, mitologia e política – o celestial e o terreno – em versos dos mais impactantes, pavimentando a estrada para um novo tipo de literatura e um novo olhar. O escritor argentino Jorge Luis Borges argumenta de forma sucinta, descrevendo *A divina comédia* como "o melhor livro que a literatura foi capaz de produzir".

Jikji

AUTOR: BAEGUN
DATA: 1372

Jikji é uma coletânea de ensinamentos budistas compilados pelo Mestre Baegun (1298-1374) no fim do século XIV. Baegun foi monge e o sumo sacerdote dos templos Anguk e Shingwang, em Haeju, cidade localizada no atual território da Coreia do Norte. *Jikji* é uma abreviação; o título completo poderia ser traduzido como "Antologia dos Ensinamentos Zen dos Grandes Sacerdotes Budistas". Reúne ensinamentos, hinos, elegias e poemas oriundos de uma série de figuras de grande destaque do universo budista, e teve a sua inclusão assegurada nesta obra devido a uma edição publicada em 1377 (cinco anos após o mestre terminar de escrever). Ela foi reconhecida pela UNESCO em 2001 como o mais antigo livro existente impresso em prensa de tipos móveis metálicos. Nada menos do que 78 anos antes da famosa Bíblia de Johannes Gutenberg, *Jikji* representa o momento em que a literatura inicia a evolução que a transformou de um meio de comunicação das elites para um meio de comunicação das massas.

Na época em que Baegun compilava *Jikji*, a Dinastia Goryeo tinha o controle da Península da Coreia, e sob seu reinado o budismo prosperava, sendo reconhecido como a religião nacional. A intenção de Baegun era de que seu texto fosse usado na educação de alunos que estivessem dando seus primeiros passos nas demandas particulares do zen-budismo. Ao acabar de trabalhar nele em 1372, imprimiu-o em xilogravura, método no qual um bloco de madeira é talhado em relevo e impregnado de tinta, para assim criar o que se deseja imprimir depois em papel ou outro material adequado. O sistema já era de uso corrente na China e por toda a Ásia Oriental havia algum tempo.

Onde impressão em xilogravura é um método "rígido" em que cada parte de um texto específico precisa ser talhada em um bloco, a prensa de tipos móveis é bem mais flexível. Ela usa componentes deslocáveis, cada um representando uma letra ou símbolo distinto, que podem ser arranjados em matrizes para compor o texto a ser impresso e então rearranjados para produzir um texto diferente. Aplica-se tinta às matrizes, então pressionadas contra o material final. De acordo com Shen Kuo, cientista e estadista que viveu entre 1031 e 1095 na China da Dinastia Song, os tipos móveis foram inventados por um homem de "posição não oficial" chamado Bi Sheng, por volta de 1040, usando tipos para caracteres forjados a partir de uma mistura de argila cozida e cola. É difícil ter certeza da exatidão destas informações, mas a China certamente já usava tipos móveis forjados em bronze no século XII, porém, quase exclusivamente em caráter oficial, como em cédulas ou documentos governamentais. Na Dinastia Goryeo, foram dados os primeiros e decisivos passos para o uso da tecnologia na produção cultural. Ao contrário de similares europeias posteriores, as primeiras impressoras coreanas não dispunham de maquinário para pressionar os tipos móveis contra o material; o processo era todo feito à mão e consumia um tempo enorme. Sem dúvida, houve livros impressos desta forma antes de *Jikji*, mas nenhum sobreviveu.

Jikji foi publicado em dois volumes, embora apenas o segundo nos tenha alcançado. Foi impresso em papel usando mancha tipográfica de quase 25 cm de largura por 17 cm de altura. Há, claro, uma ou outra linha torta, algumas letras foram impressas ao contrário ou têm falhas, mas nada diminui a enormidade do que isso representa. A página final até inclui detalhes de publicação, e assim sabemos que ela ocorreu em julho do "3º Ano do Rei U" (1377) no templo Heungdeoksa, em Cheongju, cidade hoje localizada na Coreia do Sul. Isso foi três anos após a morte do autor.

Em 1887, quando se aproximava o final dos cinco séculos da Dinastia Joseon na Coreia, um ávido colecionador de livros francês chamado Victor Émile Marie Joseph

Sutra do Diamante

Em 1900, um monge chamado Wang Yuanlu caminhava nas proximidades das Grutas de Mogao (também conhecidas como "Cavernas dos Mil Budas"), em Gansu, no noroeste da China. Na trilha, encontrou uma caverna fechada, e dentro dela descobriu dezenas de milhares de manuscritos e outros artefatos. Entre estes, havia um texto budista, traduzido do sânscrito para o chinês, que se tornaria conhecido como o *Sutra do Diamante*. Com cerca de seis mil palavras, está contido em um pergaminho de 15 metros, e seu nome é derivado do título completo: "O diamante que fatia a ilusão." Produzido por meio da técnica de xilogravura em 11 de maio de 868, é famoso como o mais antigo exemplo conhecido de um livro impresso.

Collin de Plancy trabalhava como encarregado de negócios na embaixada da França em Seul. Ele se apossou do *Jikji* (como, não se sabe), e o livro receberia a atenção do mundo ocidental como um todo em 1901, quando o etnógrafo francês Maurice Courant, estudioso da Ásia Oriental, o incluiu em sua bibliografia de obras coreanas. Em 1911, foi vendido pela famosa casa de leilões parisiense Hôtel Drouot para outro colecionador, o joalheiro Henri Véver, que, ao morrer em 1950, deixou-o para a Bibliothèque Nationale de France. Vinte e dois anos depois, o dr. Park Byeong-seon, funcionário da biblioteca especializado em Ásia Oriental, identificou *Jikji* formalmente como o mais antigo volume restante no mundo a ser impresso com tipos móveis.

O fato de o livro estar abrigado em Paris é fonte de irritação para muitos coreanos, que acreditam que seu tesouro nacional deveria ser devolvido à terra natal. As autoridades francesas, enquanto isso, sustentam que se trata de uma joia da cultura mundial e que não pertence a apenas um país, e que sua Bibliothèque Nationale é a melhor equipada para garantir sua preservação para as gerações futuras. Em 2001, um século após sua inclusão na lista de Courant, *Jikji* foi inscrito no Programa Memória do Mundo, da UNESCO.

Se a posse da obra deve continuar a gerar debates acalorados, seu lugar na lista das realizações humanas está assegurado. Os tipos reutilizáveis assinalaram o caminho para a produção em massa e o consumo do conhecimento, e *Jikji* é o exemplo ancestral.

Revelações sobre o amor divino

AUTOR: JULIANA DE NORWICH
DATA: FIM DO SÉCULO XIV/INÍCIO DO SÉCULO XV

Revelações sobre o amor divino cataloga uma série de visões religiosas que a autora crê terem conferido maior compreensão da verdadeira natureza de Jesus Cristo, de seus sacrifícios e das razões por trás deles. Embora material tão revelador seja notável por si só, não era exatamente único em sua época. O que torna este volume singular é quem o escreveu: uma mulher. Suas *Revelações* são consideradas a mais antiga obra literária de autoria feminina na língua inglesa de cuja sobrevivência se tenha notícia.

Da própria Juliana muito pouco se sabe. Nasceu em 1342, em Norwich, na época um próspero centro comercial e religioso no leste da Inglaterra, mas nem a respeito do seu nome é possível ter certeza. A impressão geral é de que "Juliana" seja derivado

da santa padroeira da igreja adjacente ao claustro onde ela vivia como um anacoreta (a pessoa que se afasta do mundo secular no intuito de dedicar a vida à devoção religiosa ascética). Às vezes é chamada ainda de *Dame Julian*.

Juliana viveu em uma época de grande turbulência religiosa e social. A Igreja Católica, então dominante, encontrava-se em meio a uma guerra sangrenta, e o início da vida de Juliana teria sido marcado pelos horrores da Peste Negra, que assolou a Europa nos anos 1340 e 1350. Na Inglaterra, a convulsão social resultante levaria à Revolta dos Camponeses dos anos 1380.

As *Revelações* são baseadas em dezesseis visões ("shewings", em inglês arcaico) que Juliana teve ao longo de duas noites, em 1373. Tinha cerca de 30 anos e estava de cama com uma doença que temia que fosse matá-la. Sua vista fraquejava, sentia dificuldade para respirar, mas, ao se esforçar para focar no crucifixo pendurado sobre sua cama, reportou uma súbita sensação de calma e ausência de dor. Ao ser acometida das visões, entre outras coisas viu o Cristo, sangue gotejando da coroa de espinhos na Paixão (os acontecimentos ao final da vida de Jesus, antes da ressurreição), e ainda Maria, nas palavras de Juliana, uma imagem de "sabedoria e verdade".

As "shewings" confirmaram em seu coração a natureza amorosa de Deus, que ela dizia representar tudo o que há de bom para a humanidade. Em *Revelações*, digladia-se com questões filosóficas complexas, como a natureza da identidade de Deus e o porquê de uma divindade benevolente permitir a existência do pecado e do mal. Examina em detalhes o sofrimento do Cristo, declara seu desejo de sofrer a seu lado, mas, em última análise, conclui que o amor divino é a força que a tudo impulsiona. Incrivelmente, refere-se a Cristo como "Mãe", uma reversão de papéis de gênero extraordinária para a época, vinculando-o à ideia do "sagrado feminino".

O mais célebre exemplo de sua compreensão do amor e da compaixão de Deus talvez seja explorado no seguinte trecho:

> E nisto ele me mostrou uma coisa pequena, o volume de uma avelã, depositada sobre a palma de minha mão, ou assim parecia, e tão redonda quanto qualquer bola. Observei então com o olhar de minha compreensão, e pensei: "O que pode ser?" E assim me foi respondido: "É tudo o que é feito." Ponderei como poderia durar, pois pensava que poderia de súbito verter-se repentinamente em nada sem grande motivo. E respondida fui em minha compreensão: "Dura e para

> sempre durará, pois Deus a ama; e tudo tem no amor de Deus o seu início." Nesta coisa pequena vi três propriedades; a primeira, que Deus a fez; a segunda, que Deus a ama; e a terceira, que Deus a guarda.

Juliana se recuperou da doença em poucos dias, escrevendo então o relato de suas revelações em formato curto. Mas continuou a revisar o trabalho ao longo das décadas seguintes, produzindo uma "versão longa", de cerca de 86 capítulos – não no latim dos clérigos das igrejas, mas no inglês médio, falado pelas pessoas comuns. "Esta é uma Revelação de Amor", inicia o texto, "trazida a nós por Jesus Cristo, nossa bênção eterna, em Dezesseis *Shewings*, ou Revelações em particular." Referia a si própria como "uma simples criatura iletrada", talvez temerosa de ofender as autoridades eclesiásticas com suas palavras, na verdade, radicais. Não há dúvida de que era alfabetizada, mas são muito grandes as possibilidades de que fosse autodidata, pois as meninas eram rotineiramente privadas das oportunidades educacionais oferecidas a meninos (e somente meninos de determinadas classes).

Juliana provavelmente morreu em algum momento dos anos 1410, e, no tempo em que viveu, as *Revelações* não gozaram de grande reconhecimento. Apesar disso, e ainda que o manuscrito dela própria tenha se perdido muitos séculos atrás, em uma era anterior à da impressão, circulou o suficiente para terem sido feitas cópias à mão.

Lá Vêm as Garotas!

Juliana não foi uma voz feminina inteiramente solitária. Entre aquelas que ajudou a inspirar estava a mística cristã Margery Kempe, que visitou Juliana em seu claustro em 1413 e lá permaneceu por vários dias. Elas debateram as próprias visões religiosas de Kempe e aspectos mais amplos da fé. Nos anos 1430, Kempe registrou sua vida e sua espiritualidade por meio de ditados a escribas que as puseram no papel. O resultado foi *The Book of Margery Kempe,* subsequentemente encarado por alguns como a mais antiga autobiografia de que se tem notícia em língua inglesa.

Sabe-se de três que ainda apresentam a íntegra do texto. Duas estão na British Library, e uma terceira, produzida por um grupo de freiras exiladas na Antuérpia ao final do século XVI, está abrigada na Bibliothèque Nationale de France, em Paris.

Em 1670, um monge beneditino inglês chamado Serenus de Cressy traduziu a "Versão Longa" da obra a partir do Manuscrito de Paris, publicando-a sob o título *XVI Revelations of Divine Love, Shewed to a Devout Servant of our Lord, Called Mother Juliana, an Anchorete of Norwich: Who Lived in the Dayes of King Eduard the Third.* Uma onda de novas traduções apareceria nos séculos XIX e XX com o crescimento do interesse por Juliana.

Juliana morreu sem muito reconhecimento. Não sabemos nem mesmo onde foi enterrada. Mas seu legado é significativo. Seu trabalho continua a provocar e a ressoar. Ela nos oferece um olhar sobre a mente medieval, mas também considera a natureza da fé e do amor por ângulos tão significativos no século XXI quanto foram no XIV. No aspecto mais crucial, é uma voz feminina particular a trazer os ecos de uma época em que tais vozes eram basicamente desprovidas de uma plataforma. Apesar de ser devotada à sua fé, a simples existência das palavras de Juliana representa em algum grau um desafio à ideologia patriarcal dominante e à estrutura estabelecida da Igreja. Uma voz para as que não tiveram as suas, a ressoar através dos séculos.

T.S. Eliot está entre os que consideraram suas palavras dignas de serem repetidas, tendo usado uma de suas observações em seu poema "Little Gidding". Palavras que talvez sirvam como um memorial adequado para a própria Juliana: "Tudo irá bem e toda sorte de coisa irá bem."

A Bíblia de Gutenberg

AUTOR/IMPRESSOR: VÁRIOS/JOHANNES GUTENBERG
DATA: *C.* 1455

A Bíblia é o texto mais sagrado da fé cristã e compreende o Velho e o Novo Testamentos, que por sua vez consistem num total de 66 livros. O Velho Testamento equivale à Bíblia Hebraica, escrita ao longo de vários séculos até o II a.C., ao passo que os livros do Novo Testamento foram compostos mais ou menos na segunda metade do século I. Desde que Constantino, o Grande, adotou o cristianismo como religião do Império Romano no século IV, esta tornou-se numericamente a maior do mundo. Como tal, é difícil superestimar a influência da Bíblia, não apenas na vida espiritual de bilhões, mas também em termos de impacto sociopolítico e cultural. De suas muitas edições, a de Gutenberg é das mais importantes, pois representa também a introdução da prensa de tipos móveis na Europa. Como vimos, a Ásia já se encontrava várias décadas à frente na tecnologia em questão, mas a contribuição de Gutenberg teve seu próprio e significativo papel na moldagem do futuro do mundo.

Gutenberg nasceu em Mainz por volta de 1400, tendo trabalhado como gravador, inventor e, é claro, impressor. A história da gênese de sua "impressora" não é clara; parece que, após uma série de infortúnios comerciais, teria passado grande parte dos anos 1440 aperfeiçoando-a. Como não havia intercâmbio cultural entre Oriente e Ocidente, não lhe foi possível usar a experiência prévia asiática como ponto de partida, tendo de inventar um sistema original próprio, do zero.

Gutenberg aprimorou uma liga de chumbo, latão e antimônio que viabilizava a produção de tipos baratos e duradouros, bem como um molde de mão para fundi-los. Também trabalhou na criação de tintas à base de óleo que, ao contrário daquelas à base de água, então mais difundidas, não escorriam para fora dos tipos. Em suma, deu-se conta de que era preciso algo semelhante a um verniz para besuntar as páginas, ao invés das tintas absorvíveis tradicionalmente usadas. Ele também se inspirou em prensas agrícolas para desenvolver a impressora, eliminando grande parte do tempo perdido no processo manual. Se não foi o primeiro a entrar no jogo da impressão por intermédio de tipos móveis, talvez tenha sido o maior visionário de todos a jogá-lo. O resultado de seus esforços foi o início da comunicação em massa.

A prensa de Gutenberg já estava em pleno funcionamento por volta de 1450, mas é a Bíblia de 1455 a considerada sua obra-prima. Embora não haja dois exemplares idênticos, eles costumavam consistir em cerca de 1.288 páginas encadernadas em dois volumes, cada página composta de 42 linhas. Algumas eram impressas em papel, outras em velino (estima-se que cada edição exigisse em torno de 170 peles de novilho). Em alguns casos, títulos e notas à margem das páginas eram impressos em tintas de cores diferentes; em exemplares posteriores, estes detalhes passaram a ser acrescentados à mão na maioria das vezes – presume-se que para cortar custos e encurtar o tempo de produção. Cada exemplar era vendido por algo em torno de trinta florins, uma pequena fortuna (cerca de três anos de salário de um escriturário); consequentemente, a maioria foi vendida a monastérios e universidades ou, ocasionalmente, a algum ricaço. Para uma obra de tamanha

A Bíblia King James

Outra edição histórica da Bíblia é a Versão Autorizada King James, impressa pela primeira vez em 1611. Em uma época de intensa desarmonia religiosa, a edição foi encomendada por Jaime I da Inglaterra (e VI da Escócia) em 1604. A meta era trazer uma uniformidade às Escrituras e se contrapor às tensões religiosas, comunicando a mensagem bíblica numa língua acessível à população de maneira geral. O texto foi dividido em blocos, cada um traduzido por um painel de especialistas. O resultado é um trabalho de intensa poesia, considerado um dos mais refinados da língua inglesa. Acrescentou ainda uma série de frases ao léxico do idioma, tais como "poço sem fundo", "olho por olho", "bode expiatório", "lei para si mesmos", "Médico, cura-te a ti mesmo", "o poder estabelecido", "a pele dos meus dentes" e "a mim pertence a vingança".

importância, a tiragem da Bíblia de Gutenberg foi mínima. É bem provável que não tenha ultrapassado os duzentos exemplares nos seus primeiros anos de produção.

A Bíblia também não engordou muito sua conta bancária. Montar o negócio levara anos e consumira muito capital, o que o forçara a recorrer a uma série de sócios. Um dos mais importantes foi Johann Fust, que processou Gutenberg pelo não pagamento de um empréstimo relacionado às Bíblias. Gutenberg perdeu e teve que ceder muito do maquinário de impressão, além de exemplares não vendidos do livro. O projeto levou seu criador à beira da falência e é improvável que tenha obtido algum lucro real com a empreitada.

A qualidade do trabalho, contudo, foi reconhecida de imediato. Na mesma época em que Gutenberg era processado por seu antigo investidor, um padre chamado Enea Silvio Bartolomeo – que alguns anos depois seria eleito papa, assumindo o nome Pio II – viu em Frankfurt algumas páginas promocionais e mencionou-as para o cardeal espanhol Carvajal, em Roma. Eram, nas palavras de Bartolomeo, "extremamente limpas e corretas em sua escrita, e sem erros, tanto que Vossa Excelência poderia lê-las com facilidade sem óculos". Até onde se saiba, restam hoje menos de cinquenta exemplares da Bíblia de Gutenberg, a maioria nas mãos de instituições. Se naquele tempo já eram caros, hoje têm valor inestimável. A última venda em leilão de uma edição completa foi em 1978, atingindo o valor de 3,3 milhões de dólares. Um único volume foi vendido por 5,4 milhões de dólares nove anos depois, e folhas avulsas já atingiram até 150 mil dólares. Se isso teria encantado ou enfurecido o empobrecido Gutenberg, não há como saber.

Ao menos sua contribuição à civilização é amplamente reconhecida. Ao abrir caminho para a produção em massa de livros na Europa e, por tabela, no Novo Mundo, Gutenberg foi decisivo para desenvolver uma população melhor informada e educada. Sem ele, a Reforma Protestante, a Renascença e o Século das Luzes teriam sido muito diferentes. Pode-se dizer até que a Bíblia de Gutenberg foi o portão de entrada na Era Moderna. Ao fim do século passado, a *Time Life* chegou a dizer que as inovações técnicas de Gutenberg representaram o ápice das realizações humanas no último milênio. A sua Bíblia, de fato, foi um Bom Livro (versão não religiosa da Bíblia).

Códice de Madri

AUTOR: ANÔNIMO
DATA: *C.* SÉCULO XV

O Códice de Madri é um de apenas quatro códices – ou livros ancestrais – sobreviventes datados de tempos pré-colombianos escritos em hieróglifos da antiga civilização maia. É ainda o mais extenso. O sistema de escrita dos maias, um dos primeiros desenvolvidos, foi praticamente dizimado pelos conquistadores que invadiram grandes regiões das Américas Central e do Sul entre os séculos XVI e XVIII. Equivalente maia da Pedra de Roseta (decisiva para decifrar os hieróglifos do antigo Egito), o Códice de Madri permitiu o resgate da língua perdida em décadas recentes. Devolvendo à vida um dos avanços mais significativos da História humana, o livro serve ainda como antídoto incisivo a um dos piores atos de vandalismo cultural de que esta mesma humanidade foi capaz.

O Códice foi achado na Espanha nos anos 1860, em duas partes distintas, e levou algum tempo até que se compreendesse que formavam uma única obra. Parece provável que o livro tenha ido parar na Espanha como suvenir trazido por um dos conquistadores originais. Muito já se debateu a respeito de sua data de produção. Alguns defendem que tenha sido escrito somente depois da chegada dos espanhóis, mas o consenso hoje é de que data do período anterior ao seu desembarque, sendo possivelmente originário de Yucatán. Muitos estudiosos dos maias lhe atribuem como data o século XV, embora haja quem sugira que talvez tenha surgido no século XIII. A suspeita inicial de que fosse pós-colombiano devia-se, em parte, ao fato de uma bula pontifícia ter sido afixada ao manuscrito, mas é possível que isto se deva a um esforço bem mais tardio de um sacerdote maia no sentido de abençoar o documento.

O Códice é feito com amate, um tipo de papel derivado da parte interna da casca de árvores, processo praticado há milênios na esfera de influência dos maias. Cerca de 56 folhas foram dobradas em formato de sanfona e cobertas com uma substância com características de gesso sobre a qual os hieróglifos eram pintados. Os temas são variados e incluem detalhes de rituais religiosos, horóscopos e tabelas astronômicas.

Encontram-se até mesmo ilustrações de sacrifícios humanos. Aparentemente os autores são muitos, provavelmente da classe sacerdotal.

No mínimo em torno de 2000 a.C., os maias já haviam adquirido o caráter de uma grande civilização. No auge, foram dezenas de milhões, habitando uma vasta faixa das Américas, composta de partes dos atuais México, Honduras e El Salvador e da totalidade do que hoje são Belize e Guatemala. Menos conhecidos do que seus contemporâneos e vizinhos astecas, os maias criaram um legado cultural extraordinário, tendo por base um sistema de crenças próprio altamente idiossincrático. Eram matemáticos brilhantes, por exemplo, e foram das primeiras civilizações a adotarem explicitamente a noção de "zero" no sistema de contagem, no mínimo em meados do século IV – mais de oitocentos anos antes de a Europa contemplar a ideia. Eram arquitetos brilhantes também, tendo erguido cidades deslumbrantes no coração da selva.

Mas a sua grande conquista intelectual foi o desenvolvimento de uma complexa linguagem escrita à base de glifos, alguns dos quais representavam palavras completas enquanto outros faziam as vezes de sons que, combinados, formavam palavras (havia ainda alguns glifos com ambos os papéis). O sistema de escrita dos maias esteve talvez entre os primeiros quatro ou cinco vistos no mundo, o que os põe ao lado de civilizações como a egípcia, a suméria e a chinesa. Nas Américas, o salto de pensamento imaginativo que representou era inteiramente sem precedentes.

Mas a chegada dos conquistadores se provou devastadora. Gente como Diego de Landa, bispo católico romano de Yucatán, nascido na Espanha, agiu no intuito de apagar literalmente toda uma herança cultural. Impulsionado pelo zelo missionário insaciável de afastar os maias de suas crenças tradicionais e convertê-los, Landa e seus pares vagaram pelo território à procura de almas para "salvar" e objetos ímpios para destruir. Aos seus olhos, os maias eram pagãos e, horrivelmente pior, praticantes de sacrifícios humanos. Landa achava que tinha um dever imposto por Deus de fazê-los enxergar seus erros. Em 12 de julho de 1562, por exemplo, em Mani, cidade na Península de Yucatán, ordenou uma conflagração, alimentando-lhe as chamas com mais de cinco mil artefatos religiosos e culturais, entre os quais uma singular biblioteca, com livros escritos na língua maia. Em sua mente, aquele era um auto de fé. "Encontramos uma grande quantidade de livros escritos nestes caracteres", escreveria ele mais tarde, "e, como nada continham que não se devesse ver como superstição e mentiras do demônio, queimamos todos, o que a eles causou pesar em enorme grau e muito lhes afligiu." A eficiência da destruição supervisionada por Landa e outros como ele foi assustadora, mas, de alguma forma, um punhado de textos maias foi posto em segurança.

Os Códices

Além do de Madri, os três outros códices maias autenticados são:

- O Códice de Dresden, identificado como sendo de origem maia nos anos 1820 e datado do século XIII ou XIV.
- O Códice de Paris, descoberto em 1859 e datado de 1450 ou até antes.
- O Códice Grolier, descoberto nos anos 1960 e datado do século XI ou XII. Este documento posterior só foi autenticado em 2018 e, em reconhecimento ao fato, foi rebatizado pelo Instituto Nacional de Antropologia e História do México de Códice Maia do México.

No fim do século XVI, a língua maia havia praticamente se perdido. Sobrevivia de forma significativa apenas em achados arqueológicos, especialmente inscrições em edificações e monumentos. Aos poucos, acadêmicos dos séculos XVIII e XIX fizeram alguns avanços na leitura dessas inscrições, mas como suas tentativas de decifrá-las não iam muito além das datas, foi atribuída aos maias a reputação de obcecados com questões do calendário. Foi somente nos anos 1950 que começou a haver progresso real no reaprendizado da língua, em grande parte graças ao estudo intensivo do Códice de Madri e dos demais que haviam sobrevivido. Começou-se a compreender que os glifos maias não eram apenas emblemáticos, mas representavam fonemas. Foi um processo extenuante, mas, nos anos 1980 e 1990, viveu-se uma espécie de era de ouro da decodificação dos maias. Hoje, os acadêmicos já conseguem ler algo próximo de 90% dos escritos maias que restaram.

O Códice de Madri, abrigado nesta mesma cidade, no Museo de las Américas, foi crucial nesse processo. Em si um texto fascinante, que ilumina os costumes, as crenças e as práticas de uma civilização ancestral, também confere completude a um dos maiores renascimentos culturais que já se viu. Continua a haver mundo afora uma comunidade de muitos milhões que se autoidentificam como maias, e uma grande quantidade destes se dedica hoje a reaprender sua língua perdida. Quinhentos anos depois de sua aparente extinção, a língua maia – uma das maiores realizações da Antiguidade – está voltando à vida.

3

A Era Pré-Moderna

Quatro romances clássicos da literatura chinesa

AUTOR: VÁRIOS
DATA: SÉCULO XIV AO XVIII

Os quatro romances clássicos da literatura chinesa são um minicânone de histórias escritas durante os reinados das dinastias Ming e Qing, entre os séculos XIV e XVIII. Em temática, são trabalhos discrepantes, e sua exata autoria e origens históricas geram constantes debates. Mas, unificados, representam um feito cultural extraordinário, e seu impacto foi dos mais amplos. Tiveram papel vital na criação da identidade cultural chinesa, ainda que o que nos digam sobre tal identidade tenha sido e ainda seja quase constantemente reavaliado. Instigam seus leitores a refletirem sobre questões profundas da História da China – entre elas, a influência do budismo e da dialética confuciana, a natureza cíclica do poder e o que constitui boa governança.

Tecnicamente, os romances são obras encantadoras. Combinam influências de folclore tradicional, transmitido por via oral, e de histórias ancestrais já em forma escrita, e acrescentam suas próprias inovações romanescas (a fusão do chinês

Entrem para o Clube

A crítica literária moderna, às vezes, expande para um grupo de seis os "Quatro romances clássicos". As adições são:

- *A ameixeira no vaso de ouro*, de autor desconhecido usando o pseudônimo Lanling Xiaoxiao Sheng (O erudito zombeteiro de Lanling), publicado por volta de 1610.
- *História não oficial dos eruditos*, de Wu Jingzi, publicado em 1750.

clássico com seus formatos vernaculares sendo uma das mais importantes) para criar épicos repletos de personagens memoráveis e enredos altamente cativantes. O resultado é um convite ao exame da ética pessoal, mas também à afirmação de uma crítica moral à sociedade como um todo. Em última análise, o que os romances perguntam é: o que significa ser humano e que tipo de país a China pode aspirar a ser? Perguntas significativas a se fazer ao país mais populoso do mundo e enorme potência global.

Cada romance é, em si, marcadamente longo. Vão de cerca de 800 a 2.500 páginas, de forma que sinopses rápidas não podem oferecer mais do que um vislumbre incompleto. Contudo, cada um foi escrito como uma obra à parte e deve ser visto como tal, tanto quanto um membro de um quarteto:

À beira d'água. Escrito no século XIV, costuma ser atribuído a Shi Nai'an, embora sua autoria seja tema de intensos debates entre *experts*. Os acontecimentos que retrata se passam cerca de duzentos anos antes, no período da Dinastia Song. Narra as peripécias de um grupo de 108 bandidos que se reúnem no pântano de Liangshan e acabam obtendo anistia das autoridades para poderem sair em campanha, combatendo levantes rebeldes e resistindo a invasores estrangeiros. O personagem mais famoso, Song Jiang, é a versão de um célebre homônimo da vida real, ele mesmo citado em várias narrativas folclóricas. Quando o romance surgiu, Jiang já era considerado um herói marginal, corrigindo malfeitos e infringindo a lei para lutar em nome da justiça de uma forma que registra paralelos com as lendas de língua inglesa de Robin Hood. Vínculos de irmandade e camaradagem masculinas são tema central, muitas vezes em detrimento das mulheres, geralmente retratadas sob uma ótica antipática – entre um momento ou outro – em relação a seu caráter altamente obsceno. A celebração que o livro faz da rebelião e da marginalidade levou-o a ter trechos censurados, e até mesmo a ser proibido por completo, em certos períodos.

Romance dos três reinos. Escrito também no século XIV e geralmente atribuído (não sem algum dissenso) a Luo Guanzhong, narra a saga dos turbulentos estágios finais da Dinastia Han e da Era dos Três Reinos (na qual os Estados de Cao Wei, Shu Han e Wu Oriental disputaram o poder). Cobre o período entre o ano 169, aproximadamente, e a reunificação regional em 280. O romance bebe da História, de mitos e de lendas ao acompanhar o destino de centenas de personagens, entre os quais senhores feudais e vassalos. A frase que abre a saga sugere um de seus temas primordiais: a natureza cíclica do poder e como ela é influenciada pela ambição, pela lealdade e pela moralidade humanas. "O império, há muito dividido, precisa se unir; há muito unido, precisa se dividir. É como sempre foi."

Peregrinação ao oeste. Dos quatro romances clássicos da literatura chinesa, talvez este seja o mais conhecido fora da China. Escrito, segundo a impressão geral, por Wu Cheng'en no século XVI, teve como fonte de inspiração as aventuras de Xuanzang no século VII, um monge budista que passou vários anos em peregrinação às "Regiões Ocidentais" (noutras palavras, o subcontinente indiano e a Ásia Central) em busca de textos religiosos. Registrou suas viagens, nas quais suportou enormes dificuldades e encarou desafios extraordinários. O personagem principal do romance, Tang Sanzang, é ajudado por um grupo de confrades, dos quais talvez o mais famoso seja o Rei Macaco. A narrativa frequentemente cômica aborda múltiplos temas. Em termos espirituais, mistura aspectos de mitologia, budismo e taoismo, bem como características do confucionismo e de sistemas de crenças mais localizados. Serve ainda como uma sátira à burocracia e ao governo.

Sonho do pavilhão vermelho. Escrito por Cao Xueqin no século XVIII, autor que adota um tom mais realista do que o restante do quarteto. Conta a história de uma dinastia aristocrática dividida em duas casas; a narrativa é focada em cerca de quarenta personagens centrais e o elenco de coadjuvantes chega a várias centenas. Como *Romance dos três reinos*, seu interesse está na natureza do poder (como é obtido e como é perdido). É também o mais obviamente "psicológico" dos quatro livros, com subtramas sobre romance, fraternidade e tragédia. Parcialmente autobiográfico, mas sem rigor nesse sentido, é influenciado pela experiência familiar do autor, que passou seus anos de formação num clã em declínio, e reflete a lenta decadência da Dinastia Qing, então dominante. A obra foi inovadora no retrato de personagens moralmente ambíguos e no uso do vernáculo, em vez do chinês clássico. Aliás, o uso do dialeto de Pequim por parte de Cao se provaria influência significativa no desenvolvimento do mandarim moderno.

O formato romance no Oriente tinha histórico evolutivo distinto daquele do Ocidente, mas tanto lá como cá tornou-se um modo essencial de examinar a História e os costumes das sociedades que os produziam e os dilemas morais e culturais vividos por seus cidadãos.

A ameixeira no vaso de ouro tornou-se notório por uma trama sexualmente carregada, mas também representa um marco de sofisticação narrativa; já foi saudado como o equivalente chinês a *Dom Quixote* em termos de importância literária. *História não oficial dos eruditos*, por sua vez, é uma sátira cortante do mundo acadêmico. Como tal, os quatro romances clássicos da literatura chinesa são uma janela potente para uma civilização vital.

O PRÍNCIPE

AUTOR: NICOLAU MAQUIAVEL
DATA: 1532

Maquiavel foi um agente político e escreveu sua obra mais famosa, ou infame, *O príncipe*, numa tentativa de cair nas graças da poderosa família Medici em sua Florença natal. Talvez seja o documento de fundação da *realpolitik* – noutras palavras, a política baseada em objetivos práticos e não em ideais. Em vários aspectos, é a palavra final em termos de pragmatismo. Maquiavel estava séculos à frente do seu tempo, se levarmos em consideração que o termo *realpolitik* só foi cunhado por

Ludwig von Rochau, político e escritor alemão, no século XIX. Ainda que Maquiavel nunca tenha usado a formulação, seu argumento central costuma ser resumido como "os fins justificam os meios", adágio que, para o bem ou para o mal, inspirou uma gama de pesos-pesados da política (além de muitos de outros campos).

Maquiavel Maquiavélico?

Quatro anos depois de *O príncipe*, Maquiavel lançou *Comentários sobre a primeira década de Tito Lívio*. Mas seu tom agora era algo diferente. "Os governos do povo são melhores que aqueles dos príncipes", escreveu. "Apenas em instâncias onde a igualdade social seja insuficiente para que se estabeleça uma república deve-se optar pelo principado." O que teriam pensado os Medici? Teria sido *O príncipe*, talvez, menos um produto das convicções sinceras do autor e mais um livro planejado para assegurar-lhe ascensão? Em outras palavras, teria Maquiavel praticado um pouco de dissimulação em nome dos próprios propósitos? *O príncipe* é, em si, um ato de *realpolitik*...

Maquiavel nasceu em Florença, em 1469, era das todo-poderosas cidades-Estado na Itália. E poucas dinastias foram mais poderosas do que a dos Medici. Acumularam vasta fortuna e influência, cantando loas a dois papas no intuito de estender sua base de poder ao Vaticano, incorporando assim o enorme alcance da Igreja. Sucesso desta magnitude exigia a execução implacável do poder. A família, porém, também tinha fraquezas – a começar pelo gosto pela vida desregrada e pela tendência à corrupção que a tornava alvo de famílias rivais. Em 1513, os Medici haviam acabado de retornar ao poder após quase dezoito anos no exílio, e Maquiavel, que já lhes prestara serviços como embaixador, queria voltar ao seu círculo de confiança, compartilhar os benefícios de sua experiência com seus soberanos florentinos para encorajar um modo de governança que tivesse por base condições reais e não noções rarefeitas e abstratas de como deveria ser um governante. Em suas próprias palavras: "Muitos imaginaram repúblicas e principados que jamais foram vistos ou se soube existirem na realidade; posto que tão pouca relação existe entre como vivemos e como deveríamos viver..."

Com esse intuito, decidiu escrever um tratado sobre governança, que viria a ser *O príncipe*. Baseou-o nas observações que fizera do temível César Bórgia – Duque de Valentinois e filho ilegítimo do Papa Alexandre VI – quando era diplomata a serviço dos Medici mais de uma década antes. Bórgia havia sido cardeal, mas renunciara à Igreja para se tornar general na armada do Rei Luís XII da França, à frente da qual conquistaria várias das cidades-Estado italianas e criaria seu próprio mini-império. Por vários meses, Maquiavel observara Bórgia de perto e ficara impactado por sua mutabilidade. Em dado momento, podia ser brincalhão e sedutor; noutro, temperamental, fechado e raivoso. Também conseguia unir o talento para planejar ao instinto de oportunismo. E, num aspecto crucial, podia ser totalmente implacável também. Bórgia era intimidante e, apesar de tudo, Maquiavel o admirava.

Tomando Bórgia por modelo, Maquiavel afirma que "o Príncipe" (ou basicamente qualquer governante) tem liberdade moral para fazer todo o necessário para atingir suas metas, por indigestos que sejam tais atos. Argumenta que um príncipe pode recorrer a qualquer ato – até mesmo fraude e assassinato – se, ao fazê-lo, garantir a estabilidade e a segurança de seu reino. Se a mentira for o caminho para a paz, é um preço aceitável a se pagar. Tais postulados demonstravam aparente repúdio aos ensinamentos morais da Igreja e causaram furor na Itália renascentista, onde o catolicismo reinava supremo. O livro foi proibido e assim permaneceu até depois da morte do autor.

Maquiavel, é claro, não sugeria a fraude ou a brutalidade como procedimentos padrão. Encorajava enfaticamente demonstrações de compaixão e generosidade como defesa da moralidade pública e forma de consolidar apoios, reduzindo a probabilidade de inquietação. Mas deixava claro que o desejo do príncipe de ser amado pelos súditos deveria vir em segundo lugar, atrás do desejo de ser temido: "O melhor seria ser amado e temido. Mas como os dois sentimentos raramente se conjugam, quem se vir instado a escolher encontrará maior segurança em ser temido do que amado. (...) O amor perdura por meio de vínculos que os homens, patifes que são, poderão romper sempre que isto lhes trouxer vantagens; mas o que sustenta o medo é o pavor da dor, e este está sempre presente."

Se os Medici foram calorosos em sua recepção ao livro, outros ficaram chocados. Francis Bacon escreveu em seu *Meditationes Sacrae* (1597) que a obra precisava ser lida para que pessoas boas pudessem se defender contra o mal:

> Grande dívida temos com Maquiavel e outros que escrevem o que os homens fazem, não o que deveriam fazer. Pois não é possível aproximar-se da sabedoria serpentina com a inocência colombina, a não ser que os homens conheçam com exatidão todas as condições da serpente; sua baixeza e, subindo-lhe pelo ventre, a efusividade e a lubricidade, a inveja e a picada, e o resto; ou seja, todas as formas e naturezas do mal. Pois desprovida disto, a virtude jaz descoberta e indefesa. Não, um homem honesto nada conseguirá perante um perverso, nunca o regenerará, sem contar com o conhecimento do mal.

O príncipe continua a reverberar como obra de filosofia que examina em minúcias certos pressupostos éticos de longa data no bojo de um contexto duramente realista. Afinal, Maquiavel dizia o que a maioria de nós entende – que muitos dos que detêm e exercem o poder não são benevolentes, mas estão preparados para fazer muito (ou até mesmo de tudo) em nome de seus fins e em benefício do seu reino. O livro assinalou com séculos de antecedência o caminho do pragmatismo filosófico de Charles Sanders Peirce e William James, ao argumentar que uma boa liderança se reflete não nas boas intenções do líder, mas nos resultados práticos de seus atos. Pode ser encarado também como manifestamente utilitário em sua disposição de sacrificar a felicidade de poucos em nome do interesse de muitos (tais como representados pelo Estado). Melhor, pode-se argumentar que dez conspiradores morram sem julgamento do que milhares de vidas se percam numa guerra civil.

O engenhoso fidalgo Dom Quixote de La Mancha

AUTOR: MIGUEL DE CERVANTES
DATA: 1605/1615

"Num lugar de La Mancha, de cujo nome não quero lembrar-me, vivia, não há muito, um fidalgo, dos de lança em cabido, adarga antiga, rocim fraco e galgo corredor." Assim tem início *Dom Quixote*, publicado em dois volumes com intervalo de dez anos, considerado uma luz-guia da literatura mundial e citado frequentemente como o primeiro romance moderno na tradição ocidental. É um trabalho complexo tanto em termos de conteúdo como de estilo. Paródia ostensiva dos romances de cavalaria, sua intertextualidade lhe empresta também um ar pós-moderno, apesar de sua criação preceder a invenção deste termo em séculos. Seu autor, Miguel de Cervantes, tinha um domínio tal da linguagem que o punha na vanguarda da profissão. Sua prosa era inventiva e lúdica. Mas afora o significado que guarda como um dos primeiros exemplos de um romance, *Dom Quixote* continua a reverberar como uma reflexão sobre a condição humana e sobre como nos esforçamos para atrelar nossos sonhos à realidade. Mais de quatrocentos anos após a publicação, a alcunha de atemporal soa genuína.

A própria história de vida de Cervantes – grande parte dela envolta em certo grau de mistério, sem muitos detalhes – tem elementos picarescos. Nascido em 1547 em uma família constantemente endividada, parece que teria sido forçado a deixar Madri (onde a família havia se estabelecido) em 1569, depois de ferir outro homem num duelo. Após uma passagem pela residência de um bispo católico como serviçal, ingressou nas Forças Armadas e participou da batalha naval de Lepanto contra os otomanos, em 1571. Foi encarregado do comando de um esquife, apesar de padecer de malária na época, e sofreu ferimentos que lhe custaram o uso do braço esquerdo. Em 1575, foi capturado por piratas e mantido prisioneiro por cinco anos, à espera do pagamento de um resgate. Seguiram-se períodos como funcionário público e coletor de impostos, juntamente com uma série de passagens rápidas pela prisão devido a aparentes irregularidades financeiras. *La Galatea*, sua primeira obra literária de peso,

surgiu em 1585. Foi somente a partir de meados dos anos 1600, ao conseguir um mecenas, o Duque de Lamos, que pôde se dar ao luxo de se dedicar mais a fundo à escrita.

Levando-se em consideração as características da própria vida do autor, talvez a estrutura episódica de *Dom Quixote* lhe tenha ocorrido naturalmente. Seu personagem central é Alonso Quixano, um *hidalgo* – nobre de baixo escalão – magro, idealista e de meia-idade de La Mancha. Tendo devorado romances de cavalaria (e, nesse processo, se privado de sono, fritado o cérebro e enlouquecido a si próprio), Quixano, determinado a reviver aquelas sagas, quer se tornar cavaleiro errante, viajar pelo mundo em busca de aventuras e de praticar boas ações. Para isso, passa a se autointitular Dom Quixote e nomeia Sancho Pança, um fazendeiro simplório, atarracado, sincero, para servir-lhe de escudeiro. Os dois embarcam em aventuras, um com a cabeça nas nuvens e o outro com os pés firmemente plantados no chão, e a desajustada dupla é rapidamente considerada uma das maiores da História.

Cervantes apresenta o livro como baseado em fontes reais – itens nos arquivos de La Mancha e a tradução de um texto em árabe. Um dos grandes temas duradouros da obra é a tensão entre verdade e ficção. Dentre os inúmeros personagens que Quixote e Sancho encontram, de padres e prostitutas a soldados, pastores de cabras e criminosos, vários incorporam a suas narrativas eventos do mundo real. Por contraste, Quixote tem dificuldade de discernir o que é real e o que é produto de sua imaginação. Paramentado com sua armadura e tendo eleito como seu verdadeiro amor uma camponesa local que desconhece sê-lo, sua desconexão da realidade acelera, sobretudo ao ver moinhos de vento e acreditar tratar-se de ferozes gigantes (esta passagem, na qual ele os ataca a golpes de lança, incorporou ao léxico de diversas línguas a menção a moinhos de vento para designar inimigos imaginários). Enquanto Quixote se digladia contra o mundo que encontra, o leitor se põe a imaginar quanto um indivíduo é capaz de controlar o próprio destino por livre-arbítrio e até que ponto não está sujeito ao destino.

O Lotário Original

Dom Quixote nos presenteou com uma boa quantidade de palavras e frases – sobretudo o adjetivo "quixotesco", que se refere a alguém idealista e pouco prático. Às vezes se atribui ao dramaturgo inglês Nicholas Rowe a criação do termo "lotário" – que, na língua do autor, designa homens salafrários que agem de forma egoísta em suas interações sexuais com mulheres –, pois há um personagem de nome Lotário em sua peça de 1703, *The Fair Penitent*. Porém, ao que parece, bem poderíamos creditá-lo com justiça também a Cervantes. Numa história contada no primeiro volume de *Dom Quixote*, "A novela do curioso impertinente", um sujeito com este nome é convocado a seduzir a esposa de um amigo como um teste de fidelidade. Pode até se tratar de um sedutor involuntário, mas certamente pode alegar ser o Lotário original.

Quixote emerge do primeiro volume como um herói desafortunado, cujos erros de julgamento e infortúnios resultam em toda sorte de calamidades (na maior parte das vezes, é Sancho quem leva a pior). O segundo volume tem um tom bastante diferente, sem a mesma alegria farsesca, mas ainda interessado na natureza da realidade. Publicado dez anos após o primeiro, o volume 2 parte do conceito dramático de que Dom Quixote está ciente de que sua história foi documentada e amplamente lida e também sabe da existência de um "segundo volume" falsificado. Metaficção ao estilo do início do século XVII. Depois de sofrer diversos ferimentos e humilhações, Quixote volta para casa e cai de cama, no que se provará ser seu leito de morte.

Nos últimos momentos, recupera a sanidade e renega suas fantasias de cavaleiro, descartando a identidade de Dom Quixote para tornar-se, uma vez mais, Alonso Quixano, o Bom.

Ao saquear e manipular o formato do romance de cavalaria, Cervantes deu a si próprio as ferramentas para montar um novo gênero literário, onde múltiplos fios eram tecidos numa única e intrincada narrativa cujo foco não está apenas em acontecimentos, mas em personagens com psicologia complexa e vidas interiores ricas. Fez o equivalente literário de um artista da Renascença, munindo de profundidade sujeitos que não muito tempo antes tendiam a ser genéricos zeros à esquerda.

É impossível subestimar a influência literária de *Dom Quixote*. Em algum nível, cada romance publicado desde então deve algo a esta obra pioneira. O livro é assumidamente admirado por uma quantidade formidável de autores de peso, de Goethe a Flaubert, de Dickens a Nabokov. Por sinal, é explicitamente mencionado em várias obras literárias de renome, entre elas *As aventuras de Huckleberry Finn* (Mark Twain), *Cyrano de Bergerac* (Edmond Rostand) e *Os três mosqueteiros* (Alexandre Dumas).

Dom Quixote nos desafia, como leitores, a examinar a natureza da verdade e da virtude e ponderar até que ponto somos capazes de moldar nossa vida. Assim, é uma pedra fundamental do cânone literário do Ocidente. Mas como se isso não fosse o bastante, Cervantes nos presenteou com todo um formato literário, que alcançou mais gente do que qualquer outro nos séculos transcorridos desde o desenvolvimento de sua história.

Obras completas

AUTOR: WILLIAM SHAKESPEARE
DATA: 1623

Quem poderia ter imaginado que o filho de um fabricante de luvas não mais do que razoavelmente bem-sucedido da região das Midlands, na Inglaterra elizabetana, viria a se tornar o grande colosso a dominar a paisagem cultural do Ocidente? Mas foi este o destino de William Shakespeare, um homem de quem se sabe incrivelmente pouco para além de ter sido o autor de uma obra literária (ao menos 37 peças, 154 sonetos e um punhado de poemas mais longos) que ainda hoje é lida, apreciada e exaustivamente analisada mundo afora.

Shakespeare, é claro, nunca se propôs a escrever um "livro" propriamente dito, e seus trabalhos só foram publicados em conjunto, em um volume chamado *First Folio*, cerca de sete anos depois de sua morte. Mas nos quatrocentos anos que se passaram desde então, foi amplamente considerado o maior e mais importante escritor da língua inglesa.

Ele é mais celebrado pelas peças, tradicionalmente agrupadas como Tragédias, Comédias e Histórias. Há várias razões diferentes por trás de seu impacto duradouro. A começar por ter sido um exímio contador de histórias e criador de personagens. *Hamlet*, *Romeu e Julieta*, *Rei Lear*, *Macbeth*, *Sonho de uma noite de verão*, *Antônio e Cleópatra*, *Henrique V*... a lista, literalmente, se estende a perder de vista. Imaginar uma paisagem cultural na qual Shakespeare nunca tenha escrito é equivalente a imaginar a história da música pop sem os Beatles. O mundo seria um lugar pior sem a obra de Shakespeare, ainda que o excesso de familiaridade com ela, às vezes, nos leve a não valorizá-la da devida forma.

Shakespeare teve ainda a sorte de escrever naquela que, ao longo dos séculos seguintes, se tornaria a *língua franca* para vastas áreas do planeta, o que garantiu que seu trabalho se espalhasse pelo globo. Mas por que foi o seu o nome que se tornou tão amplamente dominante, e não o de algum outro autor? Parte da resposta se deve com certeza à sua habilidade sobrenatural na abordagem de temas universais – amor e ódio, guerra, paz e poder, liberdade, vingança, cobiça, desejo... e outros. Nelson Mandela, homem cuja vida aparentemente pouco teve a ver com a de Shakespeare, foi levado a observar: "Shakespeare sempre parece ter algo a nos dizer." Ben Jonson, contemporâneo elizabetano do autor, fez uma descrição memorável: "Não próprio de uma era, mas para toda a eternidade." Suas peças transcendem tempo e lugar de forma única. Ele mesmo parecia ter em mente o fato de que se comunicava com a humanidade como um todo, pois seu Globe Theatre trazia o lema "*Totus mundus agit histrionem*" ("O mundo é um palco").

Na caracterização e estruturação das tramas, Shakespeare explorava arquétipos, figuras quintessenciais e ideias que remetiam à tradição teatral. Mas acrescentava uma camada de complexidade psicológica que ampliava expectativas sobre possibilidades da dramaturgia e da literatura. Seus arquétipos viravam humanos plenamente formados, imbuídos da gama completa de emoções, pontos fortes e fracos – tudo comunicado na mais memorável linguagem. Já houve algum estudo mais completo de um homem em crise, por exemplo, do que o de Hamlet? Ou uma exploração mais memorável da psique humana do que seu solilóquio "Ser ou não ser"? Se quisermos pensar numa narrativa que defina o conceito de amor trágico, seria preciso procurar além da de Romeu e Julieta – mesmo atualmente? Quem acusa outro de ser traiçoeiro não tenderia, ainda hoje, a buscar as palavras de Júlio César ("Até tu, Brutus?")?

Palavras Caras

É evidentemente ridículo tentar atribuir um valor financeiro às obras de Shakespeare. Mas a avaliação do *First Folio* de 1623 com suas peças talvez nos forneça, ao menos, uma ideia da alta estima que se tem por ele. A tiragem foi de cerca de mil exemplares, cada um vendido ao preço substancial de 1 libra no ano da publicação. Cerca de 235 deles ainda existem, dos quais menos de vinte estão completos e intactos. Um exemplar (impresso após a morte dele, importante lembrar, sem nenhum vínculo físico com o autor, tal como uma assinatura) foi leiloado em Nova York, em 2020, por 9,98 milhões de dólares. Nada mal para um livro usado!

Como evidência do brilhantismo de Shakespeare em aplicar profundidade psicológica, estudemos as obras de Sigmund Freud, escritas vários séculos mais tarde. Freud permeava seus escritos com citações do dramaturgo, que descrevia como "o maior dos poetas".

A capacidade de Shakespeare de comunicar emoção e investigar complexidades está intrinsecamente ligada ao seu domínio da linguagem, à capacidade de escrever frases sem igual em seu poder para grudarem na mente. *Hamlet*, por si só, já proporciona ao *The Dictionary Oxford of Quotations* mais de duzentos verbetes. O falante moderno de inglês tem um vocabulário de cerca de dez a vinte mil palavras, das quais utiliza regularmente apenas um pequeno quinhão. Shakespeare usou pouco mais de 29 mil palavras distintas em suas peças. Além disso, inventou uma grande quantidade de outras. Samuel Johnson atribui mais palavras a ele do que a qualquer outro autor em seu primeiro *A Dictionary of the English Language*, e a edição atual do *Oxford English Dictionary* lança mão de duas mil citações do Bardo como material de apoio. Parece justo dizer que ele foi responsável por gerar ao menos 17 mil novas palavras. Uma pequena seleção inclui: antipathy, arch-villain, assassination, barefaced, bedazzle, belongings, courtship, dauntless, dewdrop, employer, epileptic, equivocal, fairyland, fashionable, frugal, go-between, homely, honey-tongued, impartial, ladybird, lament, leapfrog, lustrous, nimble-footed, outbreak, pander, prodigious, puke, rant, schoolboy, silliness, time-honoured, unearthly, useful, vulnerable, watchdog, well-bred e zany.

Sua habilidade em cunhar novas frases também dispensa descrições (em *Antônio e Cleópatra*, foi o primeiro a usar a expressão *beggars description*, significando *quase impossível descrever*). Para dar só alguns exemplos, sem Shakespeare não teríamos: pratos dignos dos deuses (*Júlio César*), perfeito idiota (*O mercador de Veneza*), admirável mundo novo (*A tempestade*), torre de força (*Ricardo III*) ou buscas infrutíferas (*Romeu e Julieta*). E quão menos rico seria o mundo sem conceitos como: as sete idades do Homem (*Como gostais*), o monstro de olhos verdes (*Otelo*) ou o inverno do nosso descontentamento (*Ricardo III*).

Ao explorar os limites da dramaturgia e da poesia, examinar caracterizações em termos de verdade psicológica e a tudo expressar na linguagem mais surpreendente, Shakespeare mudou a História. Às vezes literalmente – a forma como compreendemos Ricardo III, por exemplo, talvez seja muito mais calcada no retrato que dele fez o Bardo do que em evidências nos registros históricos. Mas o mais importante é o fato de nos ter encorajado a questionar o que realmente significa ser humano – uma pergunta à qual se dedicou de forma tão plena que sua obra é hoje tão interpretada quanto na época em que foi escrita e continua tão inspiradora quanto.

Diálogo sobre os dois máximos sistemas do mundo ptolomaico e copernicano

AUTOR: GALILEU GALILEI
DATA: 1632

O *Dialogo sopra i due massimi sistemi del mondo* é um tratado científico histórico que possibilitou ao mundo fazer a transição de uma visão amplamente difundida de si para outra inteiramente diferente. Desafiou os ensinamentos da Igreja Católica Romana, que, na época, dominava em grande medida o pensamento europeu e tornou muito difícil a vida de seu autor – o astrônomo, engenheiro e físico italiano, Galileu Galilei. Mas hoje, leitor algum que se dê ao respeito rejeita a ideia dominante de que a Terra não é o centro do universo, mas sim gira em órbita do Sol junto com os demais planetas.

O tratado expande a obra do polonês de nascimento Nicolau Copérnico (1473-1543), em especial *As revoluções dos orbes celestes*, de 1543, onde ele delineia uma visão do cosmos contrastante com a de Ptolomeu, que punha nosso planeta no centro de tudo e havia dominado os ensinamentos religiosos e científicos desde a Antiguidade. A obra despertou críticas imediatas de líderes religiosos de peso, tanto católicos como protestantes, para quem a tese radical se chocava com as Escrituras. Martinho Lutero foi um dos que teria dito: "Este tolo pretende reverter toda a ciência da astronomia; mas as Sagradas Escrituras nos dizem (Josué 10:13) que Josué ordenou ao Sol que parasse de girar, não à Terra."

A escrita de Copérnico tinha um estilo quase impenetrável para quem não tivesse mente particularmente científica, e isto, somado à ferrenha oposição do *establishment* religioso, o impediu de penetrar a consciência popular. Ainda assim, encontrou um público amplo entre a comunidade científica (embora referências ao seu trabalho não raro advertissem quanto a tratar-se de um modelo teórico proveitoso, mas não de algo com bases na realidade). Sua obra também foi incluída no *Index Librorum Prohibitorum*, índice dos livros proibidos da Igreja Católica em 1616, e lá permaneceu por mais de 140 anos.

Galileu, natural de Pisa, convencera-se das ideias de Copérnico graças a uma série de observações astronômicas que fizera por volta de 1609. Escrevera então para um de seus alunos em 1613 sobre como a teoria de Copérnico poderia se coadunar com certas passagens bíblicas. A carta chamou a atenção da Inquisição em Roma, e os inquisidores concluíram que o heliocentrismo de Copérnico era herético, para não dizer "louco e absurdo", e Galileu foi alertado a parar de promovê-lo. Mas quando o Papa Urbano VIII assumiu o Vaticano em 1623, Galileu se deparou com um aliado inesperado – que lhe concedeu o direito de explorar o heliocentrismo em sua escrita desde que não advogasse por sua adoção.

Proibido!

A Igreja Católica Romana introduziu seu *Index Librorum Prohibitorum* ("Índice de Livros Proibidos") na primeira metade do século XVI, mesma época em que a evolução da tecnologia de impressão criava um novo público, muito maior, para obras literárias. A lista viria a incluir todo tipo de material, de ficção e filosofia a artigos científicos e versões não autorizadas da Bíblia. Milhares de livros entraram na lista suja devido ao seu potencial de causarem "perturbações" à Igreja e à sociedade como um todo. Somente em 1966, durante o pontificado do Papa Paulo VI, o *Index* foi formalmente extinto – meros cinco anos depois de *O segundo sexo*, de Simone de Beauvoir, tornar-se um dos últimos clássicos modernos a cair nas garras dos censores.

O resultado foi o *Diálogo*, publicado em 1632 com a anuência da Inquisição. O livro é estruturado como uma conversa de vários dias de duração entre dois filósofos – Salviati, defensor das ideias de Copérnico, e Simplício, que se atém à visão de mundo de Ptolomeu – e o leigo e neutro Sagredo. Eles discutem os diversos méritos de ambas as proposições, frequentemente por meio de experiências de raciocínio – por exemplo, se a Terra está em movimento, uma bala de canhão disparada em determinada direção não deveria cair mais longe se fosse disparada na direção oposta?

Embora pretendesse um tom neutro e declarasse ser "hipotética" a temática do livro, era bem visível para a maioria de que lado Galileu estava. O fato de Simplício – nome que fala por si – ser frequentemente exposto ao ridículo não ajudava. Quando o livro ficou pronto em 1630, o próximo passo seria enviá-lo aos censores em Roma, e seria difícil que fosse liberado sem ajustes. Mas, devido a um surto da peste, Galileu foi autorizado a enviá-lo aos censores de Florença, que se provariam uma banca bem mais amistosa.

Contudo, a estrada não permaneceria livre por muito tempo, em especial porque Urbano VIII sentiu-se ofendido por ver seu lado representado por um personagem como Simplício. Em 1633, Galileu foi levado à presença da Inquisição em Roma e lembrado da advertência para que abandonasse a teoria de Copérnico. Ele alegou só tê-la debatido, porém sem defendê-la, mas admitiu depois ser culpado de "exagerar na argumentação". Julgado "veementemente suspeito de heresia", forçaram-no a renegar suas crenças problemáticas e proibiram seu livro. Foi condenado ao encarceramento como melhor conviesse à Inquisição, embora, na realidade, tenha sido confinado à prisão domiciliar, primeiro no palácio de um amigo em Siena, depois numa *villa* rural na Toscana, pelo resto de sua vida. Reza a lenda que, enquanto a punição era anunciada, Galileu teria sussurrado "mas ela se move", embora a história seja muito provavelmente apócrifa.

Galileu foi um gigante do mundo científico em muitos aspectos – um pioneiro do método científico, que conjugou a matemática e as físicas teórica e experimental tendo em vista o estudo de mistérios ancestrais. Após suas altercações com o Vaticano, não é de espantar que tenha procurado evitar o tema do heliocentrismo. Foi somente no século XVIII que a Igreja permitiu a publicação do *Diálogo*, e apenas em 1835 a publicação foi formalmente removida do *Index* em definitivo. Àquela altura, Galileu havia basicamente vencido a disputa. O mundo tinha aceitado que o nosso planetinha, afinal de contas, não é o centro de tudo. E que a Terra literalmente continua a girar. Em declaração de 1939, o Papa Pio XII chegou mesmo a chamar Galileu de "um dos mais audaciosos heróis da pesquisa (...), sem medo dos obstáculos e dos riscos no caminho e nem dos monumentos funerários". Era verdade, e também melhor tê-lo reconhecido tarde do que nunca.

Principia

AUTOR: ISAAC NEWTON
DATA: 1687

Princípios matemáticos de filosofia natural (não raro abreviado para o sucinto *Principia*) é o título dos três volumes que apresentam a lei da gravitação universal e as três leis do movimento de Isaac Newton. A obra tornou-se um eixo central para a totalidade do pensamento científico moderno e continuou a ser um texto-base mesmo depois de a *Teoria da relatividade geral*, de Einstein, e o surgimento da física quântica questionarem sua pretensa universalidade.

Nascido em Lincolnshire, na Inglaterra, em 1642, Newton foi um dos polímatas mais formidáveis de seu tempo, autor de várias contribuições notáveis em uma série de campos. Foi figura-chave no desenvolvimento de lentes telescópicas, estabeleceu bases para o cálculo infinitesimal e chegou mesmo a dedicar tempo considerável a estudos de alquimia. Mas foi *Principia* que elevou seu nome aos mais altos escalões do pensamento científico.

Ao elucidar suas três leis do movimento, ele se tornou o primeiro a propor uma teoria abrangente sobre o movimento dos objetos pelo espaço, via matemática pura. A primeira destas leis é a lei da inércia, que determina: "Um objeto em repouso permanece em repouso, e um objeto em movimento permanece em movimento a uma velocidade constante e em linha reta, a menos que seja influenciado por uma força desequilibrada." Sua segunda lei, a lei da força, estabelece que a aceleração é produzida sempre que uma força atua sobre uma massa. Quanto maior a massa, maior a força necessária para acelerá-la. Sua terceira lei, a lei da ação e reação, enquanto isso, diz que para cada ação há uma reação igual no sentido oposto. Com alguns movimentos de sua pena (escreveu em latim, como era costumeiro em se tratando de textos acadêmicos na época), Newton estabeleceu as bases da mecânica moderna.

Pode-se argumentar, porém, que sua teoria da gravitação universal teve impacto ainda maior. Fundamentalmente, ela pretendia mostrar que todas as coisas são atraídas por todas as outras coisas no espaço em virtude de uma força invisível.

O Baque de uma Maçã

É célebre a forma como Lorde Byron encapsulou o status quase lendário das circunstâncias em que Newton teve as revelações sobre a gravidade descritas em *Principia*. Byron escreveu em *Don Juan*: "Descobriu Newton ao ver cair uma maçã/ Na leve perturbação de seu enlevo (...)/ Como provar que a Terra girava/ Num rodopio natural chamado 'gravidade'." Byron também se provaria uma espécie de profeta versejador ao prever que as descobertas de Newton – "Que outro mortal desde Adão aguentaria/ O baque de uma queda – ou de uma maçã" – levariam o homem "muito em breve" à Lua por meio de motores a vapor!

Descreve como duas massas quaisquer atraem uma à outra com força igual a uma constante (a constante gravitacional) multiplicada pelo produto das duas massas e dividida pelo quadrado da distância entre elas.

De que forma exatamente chegou a tal entendimento é um mistério envolto em lendas. Uma versão famosa das circunstâncias é a de que tudo lhe teria ocorrido ao sentar-se debaixo de uma árvore, e uma maçã cair em sua cabeça. Porém, hoje em dia sabe-se que essa história, por mais saborosa que seja, é apócrifa. Ainda assim, não é de forma alguma impossível que a surpreendente conclusão tenha sido inspirada, ao menos em parte, por uma situação semelhante que Newton teria testemunhado. Ao ver uma maçã ser "atraída" de uma árvore para o chão, ele poderia ter se perguntado por que ela sempre caía ao invés de, digamos, sair voando rumo ao espaço ou em qualquer outra direção.

Independentemente de como se tenha chegado a ela, a teoria explicou afinal por que os corpos se movem da forma como o fazem – na Terra e no espaço. Entre outras coisas, trouxe a tão sonhada prova matemática da veracidade do modelo heliocêntrico de Copérnico. Newton fez ainda amplo uso das observações planetárias de Johannes Kepler ao conceber sua tese. Nas suas memoráveis palavras: "Se enxerguei ao longe, foi por ter me erguido sobre os ombros de gigantes." Ainda assim, ele não nutria qualquer ilusão de ter se deparado com uma "teoria de tudo". "A gravidade explica os movimentos dos planetas", observou, "mas não consegue explicar quem os pôs em movimento."

A origem do *Principia* é um manuscrito bem mais curto, "De motu corporum in gyrum" ("Sobre o movimento de corpos em órbita"), escrito por Newton em 1684, depois que o astrônomo Edmond Halley pediu-lhe ajuda para resolver alguns problemas de dinâmica orbital. Se o cerne das três leis do movimento já estava lá, o tema da gravitação universal não era abordado. Porém, uma vez publicado o *Principia*, Newton foi elevado ao status de *superstar* no firmamento científico.

Cargos públicos lucrativos surgiriam em seu caminho, bem como condecorações. Mas haveria polêmicas também. Em particular, a querela inconveniente em que entraria com o filósofo e matemático alemão Gottfried Wilhelm Leibniz a respeito de quem teria sido o inventor do cálculo infinitesimal. Ambos passaram anos desenvolvendo os seus sistemas, embora Leibniz tenha sido o primeiro a trazer suas descobertas a público. Hoje há amplo consenso de que Newton havia de fato desenvolvido seu método antes de o alemão fazê-lo, mas de que os dois chegaram a seus resultados de forma totalmente independente. Nem mesmo a morte de Leibniz em 1716 foi suficiente para extinguir a animosidade. O caso pairaria ao fundo de tudo o que Newton fez até a sua própria morte em 1726.

Principia, contudo, é a sua obra-prima e assegura a Isaac Newton o lugar na História que ele tanto desejava. Alexander Pope escreveu um emocionante epitáfio: "A natureza e as leis da natureza se escondiam na noite/ Deus disse 'Faça-se Newton' e tudo passou a ser luz."

Mais de duzentos anos depois, Albert Einstein – o homem cujo trabalho forçou uma reconsideração dos fundamentos de *Principia* – confirmou seu legado duradouro: "A era de Newton há muito passou pela peneira do oblívio; o esforço incerto e o sofrimento de sua geração se esvaneceram de nossa percepção. Permanecem as obras de uns poucos grandes artistas e pensadores, para deleitar e enobrecer aqueles que vierem depois de nós. As descobertas de Newton passaram a integrar a esfera do saber reconhecido."

Do contrato social, ou Princípios do direito político

AUTOR: JEAN-JACQUES ROUSSEAU
DATA: 1742

Do contrato social foi um livro revolucionário no sentido mais genuíno da palavra, tendo instigado a imaginação e a paixão dos principais líderes da Revolução Francesa – marco de uma época que Rousseau não testemunhou, tendo morrido aproximadamente uma década antes de seu início, mas do qual foi uma póstuma figura de proa. Um dos grandes promotores de suas ideias foi Maximilien Robespierre, que escreveu em seu diário: "Que homem divino! Foste tu que me ensinaste a conhecer a mim mesmo. Quando de minha juventude, me fizeste apreciar a verdadeira dignidade de minha natureza e refletir sobre os princípios maiores que governam a ordem social."

Rousseau nasceu em Genebra, em 1712, e se provou quase tão talentoso como músico e compositor quanto como filósofo. Um de seus primeiros feitos foi desenvolver um sistema de notação musical matemática. Após dividir seu tempo entre várias cidades continentais, foi para Paris quando tinha cerca de 30 anos e logo tornou-se figura cativa da cena cultural e filosófica local. Paris era seu lar espiritual e onde sua filosofia viria a encontrar seu público mais apaixonado.

Sua amizade foi particularmente forte com Denis Diderot, o celebrado filósofo iluminista e editor da famosa *Enciclopédia, ou Dicionário razoado das ciências, das artes e dos ofícios*. A carreira de filósofo do próprio Rousseau teve início pra valer quando venceu uma competição de ensaios sobre os benefícios morais das artes e das ciências, em 1750. Alguns dos temas do artigo seriam desenvolvidos naquele que se tornou seu primeiro trabalho de peso, *A origem da desigualdade entre os homens*, publicado em 1754. Ali, Rousseau refletia sobre o que considerava o "estado natural" da humanidade. Concluía que o Homem em seu estado primitivo era uma figura cuja moral ainda não havia sido corrompida e que exibia uma delicadeza "quando colocado pela natureza em posição de equidistância da estupidez dos brutos e do esclarecimento fatal do homem civilizado".

O homem primitivo, para Rousseau, ocupava um meio-termo feliz entre criaturas bestiais e o Homem moderno autoindulgente em sua sociedade civil. E esta, acusava ele, não conduzia ao progresso, mas à decadência humana. Como se isso já não fosse crítico o bastante, também via na propriedade privada a causa da profunda desigualdade:

> O primeiro homem que, ao cercar um pedaço de terra, disse "Isto é meu", e encontrou gente ingênua o bastante para nele crer, este homem foi o verdadeiro fundador da sociedade civil. De quantos crimes, guerras e assassinatos, de quantos horrores e infortúnios não poderia alguém ter salvo a humanidade ao arrancar estacas, aterrar fossos e conclamar seus semelhantes: Cuidado, não deem ouvidos a este impostor; estarão arruinados se esquecerem, mesmo por uma única vez, que os frutos da terra nos pertencem a todos, e a terra em si a ninguém.

O potencial revolucionário desse discurso era óbvio e levou muitos ocupantes de postos de autoridade a considerarem Rousseau um renegado perigoso. Mais polêmicas se seguiram em 1762, com *Emílio, ou Da educação*, e sua declaração hostil: "Tudo é bom ao sair das mãos do Autor de todas as coisas; tudo degenera nas mãos do homem." Ao rejeitar certos princípios cristãos básicos e exigir tolerância religiosa completa, o livro de Rousseau foi proibido em Paris e Genebra. Mas *Do contrato social*, publicado no mesmo ano, foi o que realmente abalou as estruturas.

Rousseau defendia que a sociedade civil denegria a humanidade, postulado que emoldurou numa das citações mais memoráveis da filosofia: "O homem nasce livre e por toda parte encontra-se acorrentado. Aqueles que se enxergam como mestres são, na verdade, ainda mais escravos do que os outros." Ele continua sua tese questionando o direito divino dos monarcas e argumentando que nenhum país teria o direito de impor seu poder a outro ("Admitamos, pois, que o direito não emana da força e que estamos obrigados a obedecer tão somente a poderes legítimos.").

O poder soberano deveria ser do povo (incluindo as mulheres – outra postura radical para a época), com a participação de todos os cidadãos no governo. Remetendo a um modelo de democracia pura, Rousseau clamava por uma sociedade em que todos fossem iguais e onde leis fossem feitas de acordo com a vontade comum,

Confissões

Rousseau organizou vários volumes de memórias que foram publicados após sua morte sob o título *As confissões*. A obra é considerada uma das primeiras autobiografias no sentido verdadeiramente moderno do termo, um dos primeiros exemplos de estudo introspectivo da própria vida do autor fornecido por uma figura não religiosa. O livro também é notável por relatar a fábula de "uma grande princesa" que, ao ser informada de que os camponeses não dispunham de pão, respondeu: "Mas por que não comem brioches?" Esta é a fonte do dito tão atribuído a Maria Antonieta dali para frente, e que aqui aparece sete anos antes de ela supostamente ter cunhado a desastrosa frase.

o que, dizia ele, naturalmente promoveria a justiça e o igualitarismo. Além disso, afirmava que o governo deveria ser distinto dessa legislatura popular, exercendo um papel executivo, mas sob ameaça de abolição caso agisse contra o interesse das pessoas.

Não é de surpreender que àquela altura os poderosos na Europa considerassem que ele passara de todos os limites e, durante os anos seguintes, Rousseau atravessou o continente em busca de abrigo. Morreu em 1778, mas o seu tempo ainda estava por chegar. Herói da Revolução Francesa que foi, especula-se o que teria achado, digamos, do Reinado de Terror de Robespierre. De qualquer forma, em 1794, dezesseis anos após sua morte, seus restos mortais foram enterrados no Panthéon, em Paris, celebrado como herói nacional. Já no século XX, eis o que disse a seu respeito o filósofo americano Will Durant:

> Como é que este homem, após a morte, triunfou sobre Voltaire, reviveu a religião, transformou a educação, elevou a moral da França, inspirou o Romantismo e a Revolução Francesa, influenciou a filosofia de Kant e Schopenhauer, as peças de Schiller, os romances de Goethe, os poemas de Wordsworth, Byron e Shelley, o socialismo de Marx,

a ética de Tolstói e, no todo, teve mais efeito sobre a posteridade do que qualquer outro escritor ou pensador daquele século XVIII no qual escritores foram mais influentes do que jamais haviam sido?

A Dictionary of the English Language

AUTOR: SAMUEL JOHNSON
DATA: 1755

No verão de 1746, um grupo de livreiros, editores e tipógrafos em Londres – entre eles Thomas Longman, fundador da editora de mesmo nome, forte no mercado até hoje – chegou à conclusão de que era preciso encomendarem um dicionário completo da língua inglesa. A publicação resultante foi um marco na história da literatura, tendo mudado as percepções do que é o idioma e de como pensamos sobre ele.

O mundo da leitura mudou bastante na Inglaterra do século XVIII. A alfabetização estava em alta e os custos de produção de livros, jornais, panfletos e outros materiais de leitura levaram a um aumento repentino da demanda pela palavra escrita. Um número cada vez maior de pessoas podia agora obter algo para ler a preço razoável. Mas quanto mais material de leitura era impresso, mais se tornava óbvio que a língua inglesa era um amálgama. Uma língua que evoluíra de várias e belas formas ao longo de muitos séculos, mas que carecia de regras claras e definitivas.

Talvez não houvesse problema nisso numa época em que a palavra escrita era da conta de relativamente poucos – os ricos e os religiosos profissionais –, como havia sido o caso até pouco tempo antes. Mas agora que ela estava nas mãos das massas, impunha-se a demanda por mais clareza. Como as palavras deveriam ser soletradas? Ainda mais fundamental: que sentido, ou gama de sentidos, cada palavra específica possui? E como cada uma deveria ser usada e compreendida em termos de estrutura gramatical?

Aquele grupo de profissionais do meio editorial que se reuniu em 1746 estava ciente do escopo de um projeto para agregar todas as palavras existentes na língua e organizá-las em algum nível. Já havia dicionários, mas a qualidade era irregular. Nem sempre eram confiáveis, era comum haver alto grau de excentricidade na organização (temática, e não alfabética, em vários casos, o que não ajudava a conferir-lhes clareza) e nenhum podia se dizer definitivo. Alguns eram pouco mais do que listas de palavras. Algo sólido fazia-se necessário.

Longman e seus companheiros decidiram procurar Samuel Johnson, escritor respeitadíssimo – jornalista, poeta, dramaturgo, biógrafo e crítico. Ofereceram-lhe 1.500 guinéus (hoje equivalentes a algo em torno de 250 mil libras) para assumir o trabalho. Ele lhes disse que levaria três anos. No fim das contas, levou quase nove, mas ainda assim parece rápido dado o tamanho do desafio.

Johnson se pôs a trabalhar em casa (Gough Square, nº 17, Londres) e passou todo o primeiro ano desenvolvendo um plano que detalhava suas aspirações para o livro e a metodologia que propunha. Em extraordinária medida, o projeto coube inteiramente a ele. Ainda que tenha contratado uns poucos ajudantes, o papel destes era meio que exclusivamente restrito ao suporte administrativo. Quase sozinho, foi encarregado de ater-se ao idioma, sacudi-lo e dele extrair alguma ordem. Nas palavras de seu patrono, o Conde de Chesterfield: "Precisamos poder recorrer ao velho expediente romano para os tempos de confusão e escolher um ditador. Com base neste princípio, dou meu voto ao sr. Johnson para preencher tal grande e árduo posto."

O que tornou o *Dicionário* singular foi a decisão de Johnson de fornecer não só definições precisas para cada palavra, mas também citações para ilustrá-las. Num feito de notável erudição, procurou citações de escritores através da História.

É verdade que privilegiava alguns em detrimento de outros. William Shakespeare, John Milton, John Dryden, Alexander Pope e Edmund Spenser aparecem com frequência. Mas o escopo de suas leituras é quase incomensurável (Johnson era infame por marcar seus livros com observações e comentários abundantes).

Como Assim?

Johnson não se furtava a se divertir com suas definições. Alternava momentos irônicos, singelos e ácidos. Definiu um "lexicógrafo" como "um escritor de dicionários; um escravo inofensivo que se ocupa em traçar as origens e detalhar o significado das palavras". Para um dos significados de "excise", referente a um imposto especial sobre consumo, escreveu: "Uma taxa odiosa cobrada sobre mercadorias e determinada não pelos juízes comuns de posses, mas por desgraçados contratados por aqueles a quem a taxa é paga." E havia uma definição particularmente mordaz para Philip Stanhope, Conde de Chesterfield – seu patrono, com quem tinha um relacionamento não muito fácil. Johnson definiu um "patrono" como "alguém que aprova, apoia ou protesta. Geralmente um desgraçado que apoia com insolência e é pago com bajulações". *Maldoooso*!

Em 1755, foi publicada a primeira edição completa, com cerca de 43 mil palavras definidas e contextualizadas por 114 mil citações. Segundo a descrição que aparece na folha de rosto, ali estava *UM DICIONÁRIO da LÍNGUA INGLESA: no qual As PALAVRAS são deduzidas de suas ORIGINAIS e CONTEXTUALIZADAS em seus DIFERENTES SIGNIFICADOS com EXEMPLOS da parte dos melhores ESCRITORES. Às quais são precedidas por UMA HISTÓRIA da LÍNGUA, e UMA GRAMÁTICA DO INGLÊS. Por SAMUEL JOHNSON, MESTRE DE ARTES. Em DOIS volumes.*

No prefácio, Johnson falava de como encontrara a língua "abundante na ausência de ordem, e vital na ausência de regras", com "perplexidade da qual se desembaraçar e confusão a regular". Seus anos de lexicografia, contudo, também haviam lhe ensinado que a língua não pode ser totalmente domada e nem deve. Ela muda e evolui e, como ele veio a entender, não era sua função torná-la "correta", mas sim registrar o seu estado presente da melhor forma que pudesse. O lexicógrafo na condição de repórter, não na de embalsamador.

O *Dicionário* em si era um belo artefato, impresso em formato gigante (46 x 51cm) e com o melhor papel. O preço era proibitivo para a maioria. Em seus primeiros trinta anos de existência, as vendas não passaram de dez mil exemplares. Mas sua importância foi reconhecida quase que de imediato.

Em seu *A vida de Samuel Johnson*, James Boswell viria a escrever que "o mundo contemplou com espanto tão estupendo trabalho de um só homem, enquanto outros países haviam achado que tais empreitadas eram viáveis apenas a academias inteiras" (já o político e escritor Horace Walpole, conde de Orford, mostrou-se capcioso ao declarar que a reputação de Johnson "teria vida curta" e que a tarefa de compilar o dicionário se provara "muita coisa para um só homem").

O dicionário de Johnson não deixa de ter suas idiossincrasias e mesmo defeitos. A personalidade e os preconceitos do autor às vezes se impõem – ele deu pouca atenção a certas palavras de raiz francesa, simplesmente se esqueceu de uma ou duas e teimou em achar que não havia no inglês palavra iniciada com "X". Ainda assim, estabeleceu o padrão para todos os demais dicionários, sem ter qualquer rival na língua inglesa até o aparecimento do *Oxford English Dictionary* um século e meio depois. Sendo que este último notoriamente incorporou quase duas mil definições do antecessor sem qualquer mudança substancial.

O *Dicionário* rapidamente se tornaria uma joia da cultura, não apenas um guia da língua inglesa, mas uma celebração do poder da palavra e uma exploração da arte e da sociedade. Seu impacto também é mensurável em termos práticos. Por exemplo, em como os tribunais americanos recorreram rotineiramente ao dicionário de Johnson ao longo dos séculos para examinar a redação – o sentido – de documentos-base do Estado, como a Constituição. É notório também que Johnson produziu várias edições revisadas do *Dicionário* pelo resto da vida, mas que elas adicionaram pouquíssimas palavras, tão completa havia sido a primeira versão.

Não é demais dizer que, em sua definição das palavras, Johnson redefiniu nossa compreensão do que é se comunicar na condição de humanos. Segundo Walter

Jackson Bate, biógrafo seu do século XX, o *Dicionário* "entra fácil em qualquer lista de maiores realizações do conhecimento acadêmico, sendo provavelmente a maior de todas feita por um único indivíduo..."

Senso comum

AUTOR: THOMAS PAINE
DATA: 1776

Publicado em janeiro de 1776 na Filadélfia, a maior cidade da então colônia norte-americana da Pensilvânia, *Senso comum* era um panfleto incisivo de 47 páginas que clamava contra as injustiças do regime monárquico. Em poucos meses, tornou-se um dos motores da Guerra da Independência americana, na qual o controle britânico foi derrubado e se estabeleceram os Estados Unidos da América. Em um período em que muitos dos que criticavam o governo britânico relutavam em sugerir uma separação completa, Paine deu asas exatamente a tal ideia.

Paine nasceu no condado inglês de Norfolk, em 1737, e largou os estudos aos 13 anos de idade para ajudar na loja de espartilhos do pai. Aos 20, teve uma breve passagem pela tripulação de um navio corsário e algumas tentativas frustradas de abrir o próprio negócio até encontrar trabalho como coletor de impostos a serviço do governo – emprego do qual acabaria sendo demitido e que lhe deixou com má impressão por parte do governo britânico.

Sem muito a perder no campo profissional, decidiu recomeçar do zero em 1774 e partiu para a América. Em Londres, havia conhecido Benjamin Franklin, um dos mais influentes americanos da época, e o persuadira a dar-lhe uma carta de recomendação. Como resultado, ao chegar à Filadélfia, Paine pôde arrumar um emprego de jornalista, trazendo consigo da Inglaterra a reputação de panfleteiro talentoso.

Encontrou uma América fervilhante de descontentamento com a mão pesada do Estado britânico – postura com a qual tanto se identificava. Os americanos viam a si próprios como taxados em excesso e tolhidos pelas restrições comerciais impostas pelos britânicos. No ano anterior à chegada dele, ocorrera a famosa Festa do Chá de Boston, quando um carregamento de chá foi atirado ao mar no porto da cidade, em protesto contra os termos favoráveis sob os quais a Companhia Britânica das Índias Orientais tinha permissão de operar, e porque muitos colonos rejeitavam a ideia de serem taxados por um governo onde não tinham direito à representação.

Havia uma sensação crescente de que o relacionamento anglo-americano necessitava ser profundamente revisto. Mas era menor o número de pessoas convencidas de que um divórcio total não se mostrava a solução ideal. Foi quando Paine publicou seu panfleto, na primeira quinzena de janeiro de 1776, assinado tão somente "por um inglês". Benjamin Franklin e outro dos "Patriarcas", Benjamin Rush, o encorajaram na empreitada e Paine, bem a propósito, não se fez de rogado.

Enquanto outros reservavam críticas mais ferozes para o governo e o Parlamento ingleses, Paine dirigia suas queixas ao próprio monarca, George III. A ideia de monarquia hereditária, sugeria ele, era totalmente absurda, e as provas disso eram abundantes, com tantas monarquias fracassando Europa afora. Por que colonos deveriam querer alguma aproximação com um regime determinado a impor taxas e leis injustas? Não haviam sido precisamente estas as razões que tinham levado a maior parte dos colonos a partir para o Novo Mundo?

"A Europa, não a Inglaterra, é a mãe da América", escreveu ele. "Este novo mundo tem oferecido asilo aos amantes perseguidos das liberdades civis e religiosas de todas as partes da Europa. Para cá fugiram, não dos doces abraços da mãe, mas da crueldade do monstro; e, por ora, é verdade da parte da Inglaterra que a mesma tirania que levou de casa os primeiros emigrantes ainda persegue seus descendentes."

Era chegada a hora de romper os laços, defendia Paine: "Temos perante nós todas as oportunidades e todo o encorajamento para formarmos a mais nobre e mais pura Constituição na face da Terra. Temos em nossas mãos a chance de recomeçar o mundo." Mundo este, por sinal, onde ser dono de uma propriedade não era pré-requisito para votar ou exercer cargo público.

Incendiário, com certeza. Excessivo até na visão de alguns dos mais proeminentes futuros revolucionários da América. Mas as palavras de Paine logo encontraram eco junto às massas. Estima-se que o panfleto teria vendido mais de 500 mil exemplares ao longo da Guerra da Independência e encontrado um público ainda maior via cópias no mercado negro e leituras públicas em pubs e salões de reuniões.

Paine queria chamar a obra de *A pura verdade*, mas Rush o persuadiu a optar por *Senso comum*, julgando que o título refletia melhor uma das grandes preocupações de seu autor: fazer com que gente comum confiasse nos seus sentimentos, em vez de mergulhar em debates políticos abstratos. Podia-se debater o dia todo sobre os prós e os contras de romper com a pátria-mãe, mas por que continuar ligado a um país que o maltrata?, sugeria ele. "Mais vale um homem honesto para a sociedade e

Conheça seus Direitos

Paine viria a assinar outra brochura de peso em 1791, *Direitos do homem*, que fazia a defesa de outra revolução – desta vez, a que tomava conta da França. O texto foi escrito em reação ao ataque de Edmund Burke à revolução, *Reflexões sobre a revolução na França*, escrito no ano anterior. O governo britânico temia que as visões de Paine encontrassem público na Grã-Bretanha, e um mandado de prisão foi emitido em 1792. Tendo retornado da América, Paine fugiu para a França, mergulhando na férvida cena política de lá até ser preso em Paris no final de 1793, obtendo sua liberdade apenas após a intervenção de um velho aliado americano (e outro futuro presidente dos EUA), James Monroe. Julgado *in absentia* na Grã-Bretanha, foi condenado por difamação sediciosa a Burke, mas escapou da punição ao nunca mais retornar à terra natal.

perante Deus que todos os rufiões coroados que um dia viveram." E havia chegado a hora das colônias, "aquele tempo peculiar que cada nação só vive uma vez".

Diz-se que Thomas Jefferson teria considerado Paine o escritor preeminente da América Revolucionária, um homem capaz de encontrar a voz e o estilo para se conectar de verdade com um público de massa. John Adams, futuro segundo presidente dos EUA, foi outro que reconheceu seu impacto, escrevendo para sua esposa em abril de 1776: "*Senso comum*, como um raio revelador, veio sazonalmente para esclarecer nossas dúvidas e determinar nossa escolha." Adams, porém, também estava entre os que guardavam cautela quanto aos argumentos do panfleto. Ele registrou algumas de suas colocações na sua própria brochura do mesmo ano, *Thoughts on Government*.

Independentemente de seus detratores, a voz de Paine se provou talvez, naquele momento, a mais influente das muitas que competiam para determinar a direção dos acontecimentos num período decisivo. As colônias na América de fato romperam com o poder colonial, como ele sugerira. O impacto de seus escritos foi permanente, como influência formadora tanto da Constituição dos EUA como da Declaração de Direitos. Como tal, Paine se destaca como um dos maiores apóstolos dos direitos civis e humanos do Iluminismo.

A riqueza das nações

AUTOR: ADAM SMITH
DATA: 1776

Uma investigação sobre a natureza e as causas da riqueza das nações (para citar o título completo) foi publicado no mesmo ano em que as colônias norte-americanas declararam sua independência da Inglaterra. A coincidência veio bem a calhar, pois a obra seminal de Adam Smith viria a ser considerada o texto fundamental da economia clássica – o esboço do modelo econômico de livre-mercado sobre o qual os EUA basearam a sua escalada rumo ao domínio global. Quase que sozinho, Smith criou o conceito de economia como uma disciplina acadêmica de grande peso e estabeleceu o livre-mercado como o sistema de preferência de países mundo afora.

Smith nasceu em Kirkcaldy, na Escócia, em 1723, e, após estudar filosofia moral na Universidade de Glasgow, passou vários anos na Universidade de Oxford. Enormemente influenciada pelos preceitos filosóficos do Iluminismo, sua visão de mundo era informada pela crença nos princípios da liberdade, da razão e da liberdade de expressão. Após a boa repercussão junto ao público de uma série de palestras que fizera em Edimburgo nos anos 1750, tornou-se professor na Universidade de Glasgow. Tendo se especializado nos campos da lógica e da filosofia moral, desenvolveu uma forte amizade com outro filósofo escocês, David Hume. Em 1764, Smith se mudou para a França, onde conheceu Voltaire e começou a trabalhar naquela que seria sua *magnum opus*, *A riqueza das nações* – livro cuja influência se estendeu para muito além da morte do autor, em 1790.

Meu Segundo Melhor Livro

Se *A riqueza das nações* é o livro que assegurou a Smith a reputação de grande pensador, acredita-se que ele o julgava inferior ao *Teoria dos sentimentos morais*, publicado em 1759, dezessete anos antes. Um estudo sobre filosofia moral e consciência, procurava compreender quais fontes abasteciam os julgamentos morais do Homem. A conclusão de que adviriam de nossa sociabilidade e simpatia inatas levou muitos críticos a apontarem o intenso contraste com seu trabalho posterior e mais celebrado, onde predomina a defesa do interesse próprio.

Publicado em dois volumes, foi um trabalho revolucionário em muitos aspectos. Acima de tudo, questionou a ortodoxia então prevalecente do mercantilismo, segundo o qual a intervenção governamental era necessária para manter o equilíbrio econômico. O pensamento mercantilista, por exemplo, preconizava que o comércio internacional era ditado pela competição entre as políticas protecionistas de diferentes países. Smith, por sua vez, propunha que todas as nações se beneficiariam da remoção indiscriminada do protecionismo.

Tais ideias tornaram necessários alguns ajustes intelectuais fundamentais. Desde tempos imemoriais, a riqueza de uma nação era pensada em termos do quanto possuía de qualquer que fosse a *commodity* específica que usava como medida de riqueza – ouro ou prata, geralmente. Mas Smith defendia que o volume de bens e serviços negociados pela população como um todo era um referencial bem melhor de riqueza. Uma caixa-forte abarrotada de moedas no palácio real pouco significa se ninguém tem o que comer, vestir ou pubs onde relaxar. "A força de trabalho anual de cada nação é o fundo original que a supre com todas as necessidades e conveniências da vida que consome por ano", escreveu o autor. Na prática, ele estava introduzindo o conceito de Produto Interno Bruto (PIB), que se tornou a medida-padrão – ainda que imperfeita – do bem-estar econômico de um país.

Com esse conceito estabelecido, Smith fazia então uma afirmação pra lá de ousada para a época: a de que a intervenção governamental não encoraja tão bem esse fluxo de bens e serviços quanto a não intervenção. Com a imposição de tarifas ou concessão de subsídios, dizia, o fluxo natural do comércio é distorcido. Preços são fixados de forma artificial, e todos os envolvidos são prejudicados, em especial os pobres. Enquanto que ao se permitir competição genuína entre fornecedores em um sistema de livre-mercado, os bens e serviços mais necessários e desejados pelo maior número de consumidores serão ofertados. Isso não advém da boa vontade do fornecedor para com o consumidor, mas do interesse próprio do fornecedor visando o lucro, que o estimula a providenciar o que o mercado exige. Da mesma forma, é o interesse próprio do consumidor que o leva a comprar desse ou daquele fornecedor independentemente de qualquer conexão pessoal que tenha com eles. Nas palavras do próprio Adam Smith:

> Cada indivíduo trabalha necessariamente da melhor forma que pode em nome da receita anual da sociedade. De forma geral, não é intenção de ninguém promover o interesse público, nem as pessoas sabem quanto o estariam promovendo. (...) Ao direcionar a indústria de forma que seus produtos possam obter o máximo valor, ele tem como única meta o ganho pessoal, e neste caso, como em muitos outros, é guiado por uma mão invisível para promover um fim que não fazia parte da sua intenção.

É famosa essa sua descrição da força oculta que faz o livre-mercado funcionar como uma "mão invisível". Contudo, Smith não acreditava que os governos não tivessem papel algum. Defendia, isto sim, que exercessem um papel limitado em certas condições. Era cético quanto à capacidade do mercado de fornecer saúde e educação, setores essenciais ao bom funcionamento da sociedade, mas que não estão sujeitos às mesmas regras de oferta e procura movidas por interesse próprio que se aplicam, por exemplo, a bens de consumo. Reconhecendo riscos inerentes à cobiça irrestrita, também defendia a taxação para desencorajar os consumidores de adotarem uma conduta inadequada ou excessivamente permissiva. Acreditava ainda que o Estado deveria aplicar as leis protetoras da propriedade privada para criar o ambiente seguro de que o livre-mercado precisaria para prosperar.

Muito do que Smith propunha tornou-se ortodoxia econômica de lá para cá. Ele persuadiu uma vasta fatia do mundo a julgar que os seus interesses são melhor servidos não quando se interfere em questões econômicas, mas quando se deixa o trabalho duro ser ditado pelo interesse próprio. É óbvio que nem todos concordaram – muito menos Karl Marx, que, ao contemplar o livre-mercado, enxergava suas armadilhas onde Smith só via vantagens. Mas o liberal William Ewart Gladstone, que foi por quatro vezes primeiro-ministro da Grã-Bretanha, mostrou-se convencido, ao falar sobre Smith em 1890, de que se tratava do "primeiro homem a nos ensinar que em nossas relações com outras nações, bem como entre nós mesmos, melhor é termos as mãos livres do que mãos e braços atados – que nos ensinou as grandes doutrinas do Livre-Comércio e delas imbuiu todo o mundo".

4

O Século XIX

FAUSTO

AUTOR: JOHANN WOLFGANG VON GOETHE
DATA: 1808/1832

Fausto, uma tragédia em duas partes, é considerado por muitos críticos a maior obra literária da língua alemã. Escrita por Johann Wolfgang von Goethe ao longo de um período de cerca de sessenta anos, a obra examina que concessões o protagonista está preparado para fazer em busca da satisfação terrena. Como tal, tornou-se uma espécie de alegoria universal; em essência, uma exploração da questão proferida no Evangelho de Mateus (16:26): "Pois que aproveita ao homem ganhar o mundo inteiro, se perder a sua alma?"

A Parte Um tem início com uma aposta entre Deus e o demônio Mefistófeles, que se diz capaz de desencaminhar o virtuoso Fausto, um homem decidido a entender tudo o que existe no mundo. O protagonista já se mostra então cada vez mais frustrado com o que considera falta de êxito em sua busca. Vinha cogitando o suicídio, na verdade, mas o som dos sinos da igreja convence-o a mudar de ideia. Caminha pela cidade e encontra um poodle, que o segue até em casa, onde é revelada a verdadeira identidade do animal: Mefistófeles. É quando os dois fazem o seu fatídico pacto. Se Mefistófeles for capaz de satisfazer os desejos terrenos de Fausto, de forma a levá-lo a um estado tal que deseje viver no momento, sem mais ímpeto de testar seus limites, então o demônio será dono de sua alma.

Entre os favores que Mefistófeles lhe concede, Fausto consegue conquistar uma vizinha por quem se sente atraído, Gretchen (também conhecida como Margaret), por meio de um feitiço. Mas o relacionamento (se é que dá para chamá-lo desta forma) é malfadado e resulta nas mortes da mãe, do irmão e do filho ilegítimo recém-nascido de Gretchen (a quem ela afoga, levando-a a ser condenada por assassinato). Fausto, com a ajuda do demônio, tenta libertá-la da prisão, mas Gretchen, que agora o vê pelo que ele de fato é, recusa a ajuda, oferecendo a si própria para o julgamento de Deus.

A Parte Dois é uma entidade bem diferente, na qual Fausto é despachado para os lugares mais disparatados através do tempo, numa série de aventuras menos coesas. Em busca da gratificação que deseja, visita o Sacro Império Romano-Germânico e a Grécia Antiga (onde corteja Helena de Troia), luta numa guerra em nome do imperador e constrói um império comercial. Quando a morte o alcança, já idoso, Fausto continua desiludido com o mundo, mas encontra alguma forma de salvação celestial referente a seu esforço irrestrito em busca da verdade e do conhecimento e sua crença inabalável na existência de algo mais elevado que si próprio.

A lenda de Fausto solidificou-se como expressão cultural no século XVI – a história de um homem que vende a alma ao diabo em troca de conhecimento e prazer durante sua passagem pela Terra. Geralmente enxerga-se em Johann Georg Faust, alquimista, astrólogo e necromante alemão que viveu entre o fim do século XV e o início do XVI, sua possível base na realidade. Consta que ele teria morrido por volta de 1540, tendo o corpo terrivelmente mutilado por uma explosão causada por um experimento alquímico. Com sua versão da história, *A trágica história do doutor Fausto*, o dramaturgo elizabetano Christopher Marlowe a fez circular ainda mais.

ENCONTRE-ME NA ENCRUZILHADA

Uma das mais curiosas lendas faustianas é aquela atrelada a Robert Johnson, grande músico do blues que morreu em 1938 com apenas 27 anos de idade. Reza a lenda que o jovem Robert, morador de uma *plantation* no Mississippi, desejava tornar-se um virtuose do violão. Foi orientado a levar seu instrumento a uma encruzilhada local certa noite, onde o aguardava o demônio em forma humana, que pegou o violão, afinou-o e devolveu-o ao rapaz. Após a intervenção diabólica, Robert foi reconhecido como um músico magistral até sua morte, por causa não determinada, alguns anos depois. Pode ser história da carochinha, mas é prova do nosso fascínio duradouro com o mito de Fausto.

Goethe já trabalhava numa versão embrionária da obra (chamada *Urfaust*, cujo manuscrito original se perdeu) em torno de 1772, mas a "Parte Um", da forma como a conhecemos, só seria publicada em 1808. Quanto à "Parte Dois", surgiria apenas em 1832, passado um ano da morte do autor. Tais prazos nos dão uma ideia da magnitude do projeto. Suas demandas estruturais (a maior parte do texto adota formatos poéticos) e o puro escopo das alusões culturais, religiosas, históricas e filosóficas asseguraram que Goethe tivesse de usar toda a sua energia.

A longevidade da lenda (em especial na versão de Goethe) está refletida no vasto número de obras culturais que ela inspirou na literatura, na ópera, no balé e nas artes plásticas. Se o dilema existencial de Fausto é atemporal e universal, a peça é multifacetada o bastante para ressoar em contextos específicos, em circunstâncias históricas distintas. Pode ser vista no âmbito da própria época de Goethe, quando se acentuavam as tensões entre a Igreja Católica europeia e a filosofia do Iluminismo. É justo dizer que há ecos de Fausto, com sua crença na ação e na "vontade de poder", na obra de Friedrich Nietzsche. Já em 1936, Klaus Mann retrabalhara a história em seu romance *Mefisto*, para adequá-la a um mundo moldado pela ascensão do fascismo. Enquanto isso, Stephen Vincent Benét adaptou a lenda em *The Devil and Daniel Webster* (1936), escrito sob o pano de fundo da Grande Depressão. Como observou o filósofo existencialista Søren Kierkegaard: "Toda era histórica notável terá o seu próprio Fausto."

O pacto faustiano ainda ecoa. Se as mudanças climáticas são o maior desafio de nosso tempo, pode-se dizer que há algo de faustiano no conflito entre nosso anseio pelo bem-estar permanente do planeta e nosso ímpeto de satisfazer nossos desejos por intermédio do consumo desenfreado de seus recursos, podendo colocar este mesmo bem-estar em risco. O que estaríamos prontos a sacrificar para conseguir o que achamos que queremos? Quando nos confrontamos com tais questões, somos forçados a avaliar o que realmente interessa para nós e, neste processo, talvez obter a compreensão mais completa de quem somos e, de fato, por que o somos. Em última análise, o *Fausto* de Goethe parece nos dizer que a nossa grande esperança sempre residirá no esforço com propósito.

"Os crimes da Rua Morgue"

AUTOR: EDGAR ALLAN POE
DATA: 1841

"Os crimes da Rua Morgue" ou "Os assassinatos da Rua Morgue" é apenas um conto, publicado inicialmente na *Graham's Magazine*, periódico americano onde o autor trabalhava como editor. Sua brevidade, porém, é inversamente proporcional à sua influência. Não só nasceu ali um novo gênero que mudou a cultura literária do mundo – as histórias de detetives –, mas o conto refletia a crescente inquietação da Era Vitoriana, desejoso de confrontar e derrotar a "doença social" da criminalidade que assombrava a psique coletiva. Num mundo pós-iluminista, o detetive literário (do qual o Dupin de Poe foi o primeiro grande exemplo) representava o triunfo da razão, trazendo a ordem a um mundo desordenado.

C. Auguste Dupin, o herói do conto, é um detetive amador. No início da narrativa, ele e o narrador sem nome ficam sabendo pelo jornal de um estranho duplo assassinato em sua Paris natal. As vítimas, Mme. L'Espanaye e sua filha, foram encontradas em sua propriedade na Rua Morgue. A mãe sofreu ferimentos terríveis, entre os quais fraturas múltiplas e um corte no pescoço que lhe decepou a cabeça. A filha, enquanto isso, foi estrangulada e o corpo, enfiado na chaminé de cabeça para baixo. Ainda mais estranho é o fato de que os assassinatos foram aparentemente cometidos num quarto trancado do quarto andar. Dentro dele há uma navalha, um pouco de cabelo grisalho e algumas moedas de ouro. Testemunhas

dizem ter ouvido duas vozes, uma que falava em francês e outra numa língua que elas não haviam reconhecido. Por meio de um processo de inferência – raciocínio rigoroso baseado na observação cuidadosa –, Dupin consegue identificar o surpreendente culpado e solucionar o caso.

Poe, nascido em Boston em 1809, tornou-se um dos autores mais significativos do país escrevendo em vários formatos e gêneros. Reconhecido crítico e poeta e talvez o maior contista de sua época, foi um pioneiro da ficção científica e um dos expoentes principais do Romantismo e do Gótico americanos. Mas nada superou o êxito que obteve com Dupin, não só com "Os crimes da Rua Morgue", mas também com "O mistério de Marie Rogêt" e "A carta roubada". Este último, Poe considerava "talvez a melhor de minhas fábulas de inferência", mas foi o primeiro conto, originalmente batizado de "Os crimes da Rua Trianon", que estabeleceu o padrão.

Apesar do sucesso como autor, Poe nunca obteve grande compensação financeira. A revista da qual já era funcionário lhe pagou 56 dólares adicionais pelos direitos de "Os crimes da Rua Morgue" – bem mais, certamente, do que os míseros 9 dólares que recebeu por ocasião da publicação de sua obra-prima poética "O corvo".

Já não era sem tempo que surgisse o primeiro grande detetive da literatura. Há traços de Dupin visíveis nas deduções lógicas do personagem-título de *Zadig*, de Voltaire, publicado em 1747, ainda que as proezas intelectuais deste não fossem voltadas para solucionar crimes, mas para a abordagem de questões filosóficas. O que havia em termos de histórias criminais resumia-se aos relatos sanguinolentos e melodramáticos de crimes reais em publicações como a londrina *Newgate Calendar*, mensal e editada pelo diretor da prisão de Newgate. A *Calendar*, por sua vez, inspiraria uma linha de livros publicada entre os anos 1820 e 1840, que pegaria emprestado o nome da prisão para recontar as trajetórias de vários criminosos do passado.

Em *Caleb Williams*, de 1794, escrito por William Godwin, o protagonista soluciona um crime, mas não por meio de um processo de observação intelectual. Ele se dá conta de quem é o criminoso ao reconhecer o sentimento de culpa nas reações emocionais do acusado. Talvez o mais próximo que se chegou de um genuíno detetive literário antes de Poe tenha sido Eugène-François Vidocq, que aparece em *Mémoires de Vidocq*, de 1828, e era uma pessoa real – um criminoso que se tornou informante da polícia, ascendeu ao posto de diretor do departamento nacional de investigações criminais da França e criou a primeira agência de detetives particulares

Uma Forma Estranha de Partir

A morte de Poe, com apenas 40 anos de idade, em 7 de outubro de 1849, foi possivelmente mais misteriosa do que qualquer coisa que ele tenha escrito. Quatro dias antes de seu falecimento, ele foi encontrado na rua, em Baltimore, em estado de delírio ou, nas palavras de um certo Joseph Walker, a pessoa que o encontrou, "profundamente perturbado (...) e necessitando de assistência imediata". Poe morreu antes de conseguir explicar como acabara naquela condição, e a causa de sua morte ainda é debatida. Várias questões de saúde foram especuladas, de epilepsia a sífilis, enquanto outros levantaram as hipóteses de suicídio ou assassinato. Já se sugeriu até mesmo que possa ter sido vítima de *cooping* – uma forma de fraude eleitoral que consistia no sequestro a esmo de eleitores, que eram induzidos (através de consumo forçado de álcool ou espancamentos) a votar em determinado candidato.

do mundo. Seu livro de memórias, contudo, entrava regularmente no terreno da ficção. Já foi sugerido até que o próprio Vidocq teria estado por trás de vários dos crimes que posteriormente alegaria ter desvendado.

Encarado, porém, como uma criação literária, Vidocq exibia vários dos traços de futuros detetives. Por exemplo, ele estudava minuciosamente cenas de crimes em busca de pistas e foi um expoente de várias técnicas forenses inovadoras, incluindo a balística e a coleta de pegadas em gesso. Mantinha também registros extremamente detalhados de crimes e utilizava disfarces à vontade. Fiando-se na própria iniciativa, perscrutava evidências com rigor científico e usava o intelecto para peneirar os dados e desmascarar o malfeitor. O salto de imaginação criativa que levou do semifictício Vidocq ao inteiramente fictício Dupin não teve de ser longo.

E desde que Poe abriu as comportas, não houve mais como deter a maré da ficção de detetives, forte ainda hoje. Há, por exemplo, uma linhagem clara conectando Dupin àquele que talvez seja o maior de todos os detetives literários: Sherlock Holmes. Seu criador, Arthur Conan Doyle, era um admirador confesso de Poe, fazendo referência nas suas cartas "àquelas admiráveis estórias de Monsieur Dupin" e descrevendo-o como "o contista original supremo de todos os tempos". Cada uma das estórias de observação de Poe, dizia Doyle, "é uma raiz a partir da qual se desenvolveu toda uma literatura. (...) O que era das estórias de detetives antes de Poe conferir-lhes o sopro da vida?". O próprio Holmes faz menção ao grande antecessor (uma alfinetada, reconheçamos) no romance que o apresenta ao mundo, *Um estudo em vermelho*. "Você pensa que está me elogiando ao me comparar a Dupin. Ora, na minha opinião", diz Holmes a Watson, "Dupin era um sujeito bastante inferior."

Em uma era de urbanização rapidamente crescente, Dupin e seus descendentes literários – sejam os duros e cínicos *noirs* de Raymond Chandler ou os mistérios da Era de Ouro de Agatha Christie ou ainda quaisquer dos inúmeros subgêneros que surgiram – permitiram aos leitores encararem o abismo criminal que talvez os intimidasse na vida real e, no fim das contas, passar a conhecê-lo a fundo. O mundo moderno precisava dos seus heróis-detetives, e Dupin apontou o caminho.

SOBRE A LIBERDADE

AUTOR: JOHN STUART MILL
DATA: 1859

John Stuart Mill, um dos grandes pensadores liberais do século XIX, examinou a relação entre o indivíduo e a autoridade em sua obra-prima, *Sobre a liberdade*. Ele faz uma apaixonada defesa dos direitos do indivíduo em todas as circunstâncias, salvo quando impactam os direitos de outra pessoa. "Pois o único propósito em nome do qual o poder pode ser exercido legitimamente sobre qualquer membro de uma comunidade civilizada contra a sua vontade é o de impedir danos a outros", escreveu Mill. "Seu próprio bem, físico ou moral, não é fundamento que se justifique. (...) Sobre si, sobre seu corpo e sua mente, o indivíduo é soberano." É um tratado que continua a provocar debates acalorados, e seu argumento central foi fervorosamente adotado pelos mais distintos grupos, de liberais ortodoxos a ativistas pelos direitos civis e libertários.

Nascido em Londres, em 1806, Mill cresceu imerso na filosofia, pois seu pai, James, era ele mesmo um renomado filósofo. Mill Jr. era um talento precoce, tendo começado a estudar grego aos três anos de idade. Nessa época, o pai iniciava uma amizade com Jeremy Bentham, formando uma aliança intelectual com base na crença compartilhada em, dentre outras coisas, liberdade de expressão, tolerância religiosa e reforma eleitoral e legal. John Stuart Mill, portanto, cresceu com as ideias de Bentham a circundá-lo (na adolescência, chegou a morar por um ano na França, na casa do irmão dele) e talvez fosse inevitável que viesse a adotar a inovação filosófica central de Bentham, o utilitarismo – "o bem maior para o maior número de pessoas".

Mill começou a trabalhar para a Companhia das Índias Orientais quando tinha 16 anos e lá permaneceu por quase três décadas. Mas a filosofia continuou a ser a sua verdadeira paixão, e ele era um escritor prodigioso, defendendo a liberdade pessoal e os ideais utilitários. Em 1851, casou-se com a filósofa protofeminista Harriet Taylor Mill, que se provaria uma influência significativa sobre seu pensamento filosófico.

Mill publicaria vários trabalhos de peso, entre eles *Sistema de lógica dedutiva e indutiva* (1843), *Princípios de economia política* (1848), *Utilitarismo* (1863) e *A sujeição das mulheres* (1869). Mas nenhum teve tanto impacto como *Sobre a liberdade*. Sua intenção subjacente era estabelecer um esquema a partir do qual a humanidade poderia alcançar "um modo superior de existência". Até que ponto chegaria a sociedade, perguntava Mill, na imposição de seu poder para limitar a liberdade de indivíduos? À primeira vista, uma leitura lógica da doutrina do utilitarismo privilegiaria muitos em detrimento de poucos, mas Mill argumentava que, na verdade, a proteção das liberdades individuais gerava um bem maior para a sociedade como um todo. Um indivíduo idôneo deveria ser livre para fazer o que bem entendesse desde que não fizesse mal a alguém. Ele delimitou o que considerava as três liberdades-chave: a de pensamento e emoção (e sua expressão); a de fazer valer seus gostos, mesmo aqueles considerados "imorais"; e a de se associar a outras pessoas que pensem de forma semelhante para um propósito comum. Em cada um dos casos, o direito valeria até o ponto em que causasse danos aos outros. "A liberdade de um indivíduo deve ser assim limitada: não deve ser prejudicial aos outros."

Mill reconhecia que o suposto "princípio do dano" abarcava considerável grau de complexidade. Um "dano" pode ser aceitável se visto como benéfico para a comunidade. Um novo negócio pode prejudicar seus rivais comerciais ao comer uma parte de seus lucros ou até levá-los à falência, mas aumenta a eficiência do mercado para benefício de mais pessoas. Ele reconhecia ainda a possibilidade de danos inaceitáveis por inércia (causar mal por nada fazer, como a omissão de socorro a uma vítima de acidente na estrada) e atos aceitáveis de plena consciência (algo que possa causar danos, mas seja desculpável se todos os envolvidos tiverem total consciência dos riscos – por exemplo, pagar algo a um bombeiro como estímulo para que arrisque a vida no caso de um incêndio). Ao confrontar tais "exceções" de forma explícita, Mill procurava provar a verdade geral de sua posição.

Vida Eterna

Ao morrer em 1832, aos 84 anos de idade, Jeremy Bentham – amigo de longa data do pai de Mill – deixou seu corpo para a ciência e este foi publicamente dissecado. Mas seu testamento incluía algumas condições bem estranhas. Ele deixou acertado que seu cadáver fosse vertido no que chamava de "autoícone". O processo envolvia mumificação, depois da qual o corpo seria vestido, colocado na pose especificada por ele e exposto ao público dentro de uma redoma. Permanece ainda hoje em exposição no University College London, apesar de há muito tempo ter uma cabeça de cera devido ao processo insatisfatório de preservação. A verdadeira, enquanto isso, foi roubada várias vezes por alunos, digamos, ousados.

Ele considerava a defesa da liberdade de expressão vital para a continuidade do progresso nas esferas intelectual e social. Argumentava que a censura negava a potencial expressão da verdade, e só a permissão de que todas as opiniões fossem ouvidas poderia confrontar e minar as inverdades e as ofensas. A tendência de impor a poucos a vontade de muitos deveria sempre ser evitada, dizia – tendência esta que observava ser forte até mesmo em sociedades democráticas supostamente livres.

Em *Princípios de economia política*, Mill aplicaria a tese central de *Sobre a liberdade* ao mundo da economia. Embora reconhecesse haver espaço para intervenção limitada da parte do governo – por exemplo, na cunhagem de moedas, na oferta de uma estreita gama de bens e serviços públicos, na cobrança de impostos e na proteção aos direitos de propriedade –, ele acreditava, como seu predecessor Adam Smith, que cabia ao mercado ditar os rumos da economia em todos os outros aspectos, a não ser em circunstâncias excepcionais. Tentar tolhir os princípios do *laissez-faire*, dizia, "a não ser que algum grande bem exija, é um certo mal".

Em 1858, Mill perdeu o emprego quando a Companhia das Índias Orientais foi dissolvida. No mesmo ano, ficou viúvo. Nos anos subsequentes, exerceu funções, como as de reitor da St. Andrews University e membro do Parlamento pelo Partido Liberal. Nelas, pôde colocar suas teorias em prática e ganhou a reputação de radical por apoiar, por exemplo, os direitos das mulheres, a reforma agrária irlandesa e o acesso universal à educação. Morreu em 1873 como ícone do liberalismo internacional.

As próprias palavras em *Sobre a liberdade* lhe servem como um tributo adequado:

> O valor de um Estado, a longo prazo, é o valor dos indivíduos que o compõem; e um Estado que adie os interesses do desenvolvimento e elevação mental *deles*, em detrimento de um pouco mais de competência administrativa, ou aquela aparência de competência nos pormenores do negócio que se adquire por meio da prática; um Estado que inferiorize as suas pessoas, de modo a que sejam instrumentos mais dóceis em suas mãos, ainda que com fins benéficos, descobrirá que com pessoas pequenas nada de grande se poderá alguma vez realmente alcançar; e que a perfeição da máquina, pela qual tudo sacrificou, no fim das contas de nada servirá, por falta do poder vital que preferiu erradicar, para que a máquina trabalhasse com mais fluidez.

A ORIGEM DAS ESPÉCIES

AUTOR: CHARLES DARWIN
DATA: 1859

De tempos em tempos, surge um trabalho científico que não só amplia o conhecimento coletivo, mas também instiga uma súbita guinada em como enxergamos nosso lugar no mundo e a nós mesmos enquanto espécie. No século XIX, foi o caso de *A origem das espécies por meio da seleção natural, ou A preservação das raças favorecidas na luta pela vida* (para citar o nome completo), o tratado de Darwin sobre o tema da biologia evolutiva.

Darwin argumentou convincentemente que as espécies evoluem ao longo de gerações, mudando e adaptando-se para assegurar maiores chances de sobrevivência contínua. Em resumo, as que evoluem para lidar com as condições da vida prevalecem e as que não conseguem fazê-lo morrem – um processo de seleção natural. É esta ideia fundamental, mostrou ele, a responsável pela rica diversidade da vida que habita o nosso planeta. Para os humanos, isso apresentou algumas questões sérias, em particular numa era de fé cega, calcada em ensinamentos religiosos de longa data. Especificamente, uma grande parte da teologia cristã pregava que o ser humano era uma espécie à parte dos demais animais, projetada em toda a sua complexidade por um Deus criador. Darwin, no entanto, parecia dizer que a história era um pouco mais complexa do que isso.

A tese vinha sendo burilada havia muitos anos, desenvolvendo-se a partir de um núcleo de ideias introduzidas por outros cientistas ao longo do século anterior. No século XVIII, Georges Buffon estudava a ideia de espécies variadas poderem ser derivadas de um ancestral comum. O próprio avô de Darwin, Erasmus Darwin, e o naturalista francês Jean-Baptiste Lamarck haviam debatido a transmutação de espécies ao longo de gerações. Darwin fora influenciado ainda pelas teorias de Thomas Malthus sobre o crescimento da população humana, que se encaixavam às suas noções sobre a natureza competitiva da sobrevivência.

Se inicialmente havia estudado medicina, ele logo descobriu que a sua verdadeira paixão eram as ciências naturais. Na década de 1830, passou quase cinco

Desafio à Ortodoxia

As implicações sociais e religiosas fundamentais do trabalho de Darwin foram notoriamente exploradas no assim chamado Julgamento do Macaco, ocorrido em Dayton, Tennessee, em 1925. O réu era o professor de ensino médio John Scopes, acusado de violar a lei estadual ao lecionar a evolução humana. A princípio, ele foi condenado, mas o veredicto seria anulado depois em função de uma tecnicidade. Scopes, porém, havia se implicado no intuito de gerar atenção para a tensão existente entre aqueles, na Igreja Presbiteriana, que acreditavam que o ensino religioso deveria registrar a expansão do conhecimento científico, e os que criam que as palavras da Bíblia sempre deveriam prevalecer.

anos viajando pelo mundo a bordo do HMS *Beagle*, período em que reuniu as anotações e os dados que viriam a sustentar *A origem das espécies*. Em 1839, o diário das viagens de Darwin foi publicado (tal diário ficaria conhecido popularmente como *A viagem do Beagle*) e fez de seu autor uma espécie de celebridade na sociedade vitoriana.

A viagem o fizera suspeitar que as espécies não eram invariáveis, mas sujeitas a adaptações. Porém, por ser um homem requisitadíssimo, foi somente em 1842 que escreveu um breve resumo inicial da sua teoria em desenvolvimento – anotações que compreendiam cerca de trinta e cinco páginas. Ao longo dos dois anos seguintes, expandiu-as para uma dissertação de mais de duzentas páginas. Nessa mesma época, um livro de Robert Chambers popularizou a ideia da transmutação de espécies. Embora, de maneira geral, fosse bem menos abrangente do que os conceitos que Darwin acabaria por apresentar ao mundo, sua teoria abriu caminho para o que estaria por vir.

Enquanto isso, Darwin estava decidido a obter mais dados. Por exemplo, ao longo de um período de vários anos, estudou cracas para detectar indicadores evolutivos da espécie, na qual acabou por se tornar uma autoridade mundial. Da mesma forma, virou *expert* em criação de pombos. Em meados dos anos 1850, encontrava-se

plenamente dedicado a fazer avançar a sua teoria da seleção natural como motor da divergência evolutiva. A essa altura, no entanto, já havia outro estudioso nesse campo – o naturalista Alfred Russel Wallace desenvolvia sua própria tese a respeito.

Os dois britânicos trocaram correspondência e, em 1858, ficou evidente que seu direcionamento era semelhante, senão idêntico. Com medo de ser suplantado e de que todos os seus anos de trabalho dessem em nada, Darwin aceitou copublicar e apresentar uma série de artigos juntamente com Wallace, em Londres. Porém, fora da comunidade científica especializada, pouca gente prestou atenção. Darwin passou a se dedicar, então, a finalizar *A origem das espécies*, que foi publicado no ano seguinte com este surpreendente resumo da seleção natural:

> Como nascem muitos mais indivíduos de cada espécie que não podem subsistir, como, por consequência, a luta pela existência se renova a cada instante, segue-se que todo ser que varia, ainda que pouco, de maneira a tornar-se-lhe aproveitável tal variação, tem maior probabilidade de sobreviver, este ser é também objeto de uma seleção natural.
> Em virtude do princípio tão poderoso da hereditariedade, toda variedade objeto da seleção tenderá a propagar a sua nova forma modificada.

Isso era verdadeiramente revolucionário. Até porque, se é a natureza que evolui para sobreviver e se multiplicar, o que fazer da ideia de uma divindade que determina o caminho de todos? Naquele momento, Darwin foi cauteloso, procurando não ir longe demais. Não estendeu sua teoria à espécie humana, embora tenha feito uma tentadora sugestão do que tudo poderia significar para nós com uma frase no capítulo final: "Uma viva luz se lançará sobre a origem do homem e sua história." Ele observou ainda: "Não há uma verdadeira grandeza nesta forma de considerar a vida, com os seus poderes diversos atribuídos primitivamente pelo Criador a um pequeno número de formas, ou mesmo a uma só? Ora, enquanto o nosso planeta, obedecendo à lei fixa da gravitação, continua a girar na sua órbita, uma quantidade infinita de belas e admiráveis formas, saídas de um começo tão simples, não têm cessado de se desenvolver e desenvolvem-se ainda!"

Temeroso de "apenas reforçar os preconceitos contra os meus pontos de vista", foi somente em 1871 que Darwin abordou publicamente a evolução humana em *A origem do homem e a seleção sexual*. A essa altura, sua Teoria da Evolução já era plenamente aceita. Claro, nem todos se deixavam convencer. John Herschel, cientista venerado por Darwin, desprezava-a, chamando-a de "lei da bagunça". Outros faziam pior, aproveitando-se do trabalho para seus próprios fins – em especial os defensores do "darwinismo social", que abraçavam ideias de "sobrevivência dos mais aptos" no intuito de justificar teorias de superioridade racial e eugenia. Longe das mãos dos celerados, no entanto, a Teoria da Evolução de Darwin se provou extraordinariamente sólida, servindo de base para mais de um século e meio de ciência natural e se imiscuindo noutras áreas tão diversas quanto a agricultura, a medicina e a ciência da computação.

Incidentes na vida de uma menina escrava

AUTOR: HARRIET ANN JACOBS
DATA: 1861

A autobiografia de uma escravizada fugitiva publicada sob pseudônimo causou uma pequena sensação em 1861. O livro, onde Jacobs se renomeia Linda Brent, conta a história dos seus dias de escravidão e de sua luta para que ela e os filhos se tornassem livres. A autora pretendia que a obra comunicasse os horrores da escravidão a partir de uma perspectiva especificamente feminina, na esperança de que atraísse mais mulheres brancas para o movimento abolicionista. Por um longo tempo, *Incidentes na vida de uma menina escrava* caiu no esquecimento, mas acabaria por ser considerado um clássico não apenas do movimento abolicionista, como da literatura feminista.

Jacobs nasceu em condição de escravidão em 1813, em Edenton, na Carolina do Norte. Na infância, aprendeu a ler e escrever com sua proprietária, uma educação a que pouquíssimos escravizados tinham acesso. Contudo, sua vida piorou muito aos 12 anos, quando a senhora morreu e a propriedade foi transferida para um homem que passou a abusar sexualmente dela – crime agravado pelo fato de o interesse pela menina ter despertado a ira da esposa.

Adolescente, Jacobs se apaixonou por um negro livre, mas seu proprietário não deixou o relacionamento continuar. Envolveu-se então com um advogado branco, com quem teria um casal de filhos ainda na adolescência. Por herança de seu status, os dois nasceram escravizados e o tratamento cruel da parte do senhor continuou: as crianças foram despachadas para a *plantation* de um parente dele, com a intenção

A Cabana do Pai Tomás

Vários anos antes de Jacobs lutar para encontrar um editor, Harriet Beecher Stowe obteve enorme sucesso comercial com o romance *A cabana do pai Tomás*. Acredita-se que tenha sido o romance mais vendido do século XIX. Stowe, uma abolicionista branca, baseou seu livro numa série de relatos pessoais. Atribui-se ao livro uma mudança crucial na atitude de americanos brancos para com a escravidão num período em que os Estados Unidos se aproximavam a passos largos de uma guerra civil. Mas ele também passaria a ser visto como um reforço danoso a várias noções preconceituosas de brancos para com pessoas de cor devido à narrativa calcada em estereótipos raciais. Hoje, "Uncle Tom" (nome original do personagem-título) funciona como um insulto dirigido aos que são vistos como traidores da própria herança cultural pela adoção de uma atitude servil.

declarada de que fossem vendidas (juntamente com John, irmão de Jacobs) para outro senhor de escravos fora do Estado, garantindo a separação permanente entre mãe e filhos.

Em 1835, Jacobs tomou a decisão de escapar à servidão, uma empreitada que envolveu esconder-se em um pântano e viver cerca de sete anos no que ela descreve como um "sótão" – um vão minúsculo entre o teto e o telhado da casa de sua avó. Ali passava bastante tempo a ler, não só a Bíblia, mas também os jornais. Nesse meio-tempo, seu irmão conseguiu escapar do proprietário (acabando por chegar a Boston), enquanto o advogado, pai das crianças, interveio para garantir que elas não fossem vendidas para fora do Estado, sem, no entanto, conseguir torná-las livres.

Após sete anos no vão junto ao telhado, Jacobs embarcou no estágio seguinte de sua vida, fugindo para Nova York via Filadélfia. Lá, foi acolhida como babá por Mary Stace Willis, esposa do escritor Nathaniel Parker Willis (mais bem-remunerado autor de artigos para revistas de sua época). Mas seu ex-proprietário continuou a persegui-la. Para fugir dele, teve que passar períodos com o irmão em Boston, então berço do movimento abolicionista, e também na Inglaterra, onde mais uma vez trabalhou para a família Willis.

Em 1852, ainda sob a ameaça de ser recapturada por seus ex-senhores, Jacobs tornou-se uma mulher livre quando a segunda esposa do viúvo Nathaniel Parker Willis comprou sua liberdade. Naquela época, seu irmão John já trabalhava para o movimento abolicionista encabeçado por William Lloyd Garrison em Nova York e morava com duas de suas figuras mais proeminentes, Amy e Isaac Post. Foram John e Amy que começaram a persuadir Jacobs a escrever a história de sua vida.

Tendo mergulhado nas ideias antiescravagistas, Jacobs refletiu: "Quanto mais a minha mente se tornava esclarecida, mais difícil era para mim me considerar um artigo de propriedade." Ela estruturou *Incidentes na vida de uma menina escrava* entre 1853 e 1858, quando voltara a trabalhar como babá para a família Willis. Ainda levou mais dois anos até conseguir encontrar um editor, e a obra finalmente chegou ao mercado em 1861.

Seu livro certamente não foi o primeiro escrito por uma pessoa escravizada. O autobiográfico *Narrativa da vida de Frederick Douglass e outros textos* havia sido um enorme sucesso ainda nos anos 1840. Mas as experiências de Jacobs como uma mulher em situação de escravidão acrescentaram uma nova dimensão à obra. Ela também não titubeou em retratar a brutalidade do tratamento que recebia, incluindo os estupros, ou como sua recusa em se submeter a expectativas e aos caprichos do patriarcado branco contribuiu para muitas das piores experiências de sua vida. O livro aborda ainda temas potencialmente conflitantes, como religião e a Igreja. Em particular, ela ressaltava a profunda fé cristã de muitos escravizados (sua própria avó sugeria que elas deveriam aceitar a escravidão como a expressão da vontade de Deus) e a contrastava com a conduta hipócrita dos senhores de escravos supostamente tementes a Deus.

O livro foi bem recebido desde o lançamento, e a propaganda espontânea das redes abolicionistas que operavam Estados Unidos afora lhe assegurou uma significativa base de leitores. Quando da publicação na Inglaterra, o resenhista do *London Daily News* descreveu a personagem de Jacobs como uma "heroína" que exemplificava a "resistência e a persistência na luta pela liberdade". Era quase impossível a quem lesse o livro chegar à conclusão de que a escravidão fosse qualquer outra coisa que não abominável. Somada ao relato de Frederick Douglass, a obra oferecia aos abolicionistas um par de relatos pessoais extremamente poderosos para dar lastro à causa.

Apesar de tudo, *Incidentes na vida de uma menina escrava* logo se tornaria uma obra esquecida. Mais do que isso, o fato de Jacobs ser alfabetizada e capaz de estruturar uma narrativa, plena de verve melodramática (refletindo as preferências comerciais da época), colocou-a na berlinda. Alguns críticos simplesmente se recusaram a acreditar que se tratasse de relato autobiográfico. Era comum sugerirem que Jacobs não era sequer a verdadeira autora. Somente em anos relativamente recentes, pesquisadores acadêmicos descortinaram diversas fontes que corroboram sua história. É talvez sintomático de sua capacidade de comunicação e dos horrores por que passou que ela tenha se tornado alvo de tantos questionamentos. *Isso certamente não pode ser verdade* era o desejo secreto dos seus críticos. Mas, para nossa vergonha coletiva, era.

Após muitos anos perdida na selva literária, a obra gozou de um renascimento na década de 1960, impulsionada pela ascensão simultânea do feminismo e do movimento em prol dos direitos civis. E ainda que a escravidão legal tenha sido relegada ao passado, a voz de Jacobs continua a ressoar em defesa da justiça para os oprimidos. Como disse ela a respeito de sua motivação para escrever o livro: "Leitores, não é para despertar pena de mim que lhes conto a verdade do que sofri. Faço-o para acender nos seus corações a chama da compaixão pelas minhas irmãs que ainda são prisioneiras."

O CAPITAL

AUTOR: KARL MARX
DATA: 1867-83

O capital (*Das Kapital*) é a *magnum opus* de Karl Marx, sua "Crítica da Economia Política" que, embora publicada em grande parte após sua morte, atiçou (junto a outro trabalho seu bem mais curto, de 1848, *O manifesto comunista*, escrito em dupla com Friedrich Engels) as revoluções socialistas que definiram grande parte da história do século XX. O tema central da obra é o de que o capitalismo só prospera por meio da exploração do trabalho; Marx procura traçar as suas circunstâncias históricas e analisar os mecanismos que o impulsionam.

Marx nasceu na Prússia em 1818 e estudou direito e filosofia em uma série de universidades alemãs antes de se mudar para Paris com a esposa, nos anos 1840, e então para Londres, depois de ser expulso da França. Manifestava pontos de vista radicalmente socialistas e demonstrava ainda uma profunda influência de Hegel, ao acreditar que a existência não era uma realidade invariável, e sim um processo histórico de mudança. Marx identificava quatro importantes estágios na História humana, e os descrevia em termos socioeconômicos. Inicialmente, um sistema ancestral de propriedade pública, substituído por outro baseado em propriedade privada e escravidão, que por sua vez teria desaguado em um sistema feudal, substituído então pelo capitalismo. Cada estágio, sugeriu, tinha um denominador comum no domínio de um grupo social até o momento em que outro o desalojava numa transição violenta. Sua previsão era de que o mesmo iria acontecer com o capitalismo, que seria superado pelo comunismo. Como colocava no *Manifesto*: "A história de todas as sociedades até hoje existentes é a história da luta de classes."

Se *O manifesto comunista* estabeleceu a visão que Marx tinha do futuro e era um chamado à ação, *O capital* foi sua tentativa de dar-lhe solenidade e peso intelectual por meio de uma combinação aprofundada – e por vezes árdua – de análises históricas, econômicas e sociológicas. Abarca aspectos técnicos, como a natureza das mercadorias, a acumulação de capital, o ciclo dos negócios, o trabalho assalariado (i.e., a relação entre trabalhadores e empregadores) e a teoria do mais-valor (i.e., a disparidade entre quanto um trabalhador ganha e o valor gerado por seu trabalho).

Segundo Marx, tudo levava à conclusão de que a exploração da força de trabalho é inerente ao capitalismo, o que por sua vez torna instável todo o sistema. Trabalhadores (o proletariado) permanecem pobres porque jamais têm acesso aos lucros gerados pelo seu próprio trabalho. Além disso, como a natureza desse trabalho tende a ser repetitiva, tornam-se pouco mais do que autômatos com cada vez menos qualidade de vida. Ainda assim, ao levarem adiante o ciclo do mais-valor, os trabalhadores perpetuam o próprio sistema que os aprisiona.

Os meios de produção, enquanto isso, são concentrados nas mãos da classe dona de propriedades (a burguesia), que encolhe na mesma proporção em que o proletariado aumenta. À burguesia é concedida a permissão, para não dizer o direito, de colher os frutos do trabalho alheio, legitimada por um *establishment* cujas raízes históricas, de acordo com Marx, remetem à conquista e à pilhagem. Enquanto a burguesia goza de benefícios dos avanços da tecnologia, aumentando lucros enquanto diminui sua força de trabalho, o número de membros desempregados e desiludidos do proletariado cresce até que se torne inevitável a derrubada da burguesia e o colapso do capitalismo. Mais um estágio no ciclo de mudanças socioeconômicas que definem a existência humana.

Onde Engels Ousou se Aventurar

Friedrich Engels, nascido na Prússia em 1821, costuma ser considerado uma espécie de sócio minoritário em sua relação com Marx. Afinal de contas, falamos em marxismo, não em engelismo. Jornalista e filho do rico proprietário de uma usina, ainda assim foi em si uma figura significativa, e viabilizou muito do trabalho de Marx em *O capital*, cujo autor raramente tinha dinheiro sobrando e, após as revoluções fracassadas de 1848, vivia quase na pobreza em Londres. Não fossem os aportes de Engels, seu destino teria sido altamente incerto e é improvável que *O capital* tivesse visto a luz do dia.

Marx tinha grandes esperanças de testemunhar em primeira mão algumas das transformações sociais que previra. Quando a Europa se viu em meio a várias revoluções em 1848 – na França, na Prússia, na Itália e no Império Austro-Húngaro –, o momento parecia ter chegado, mas, uma a uma, foram logo sufocadas. Marx, que havia ido ao continente testemunhar em primeira mão os acontecimentos, sentiu profunda decepção com o que o historiador G.M. Trevelyan chamou "o ponto de virada da História moderna pelo qual a História moderna passou reto".

Marx voltou a Londres, dobrando em *O capital* a aposta nas ideias que introduzira em *O manifesto comunista*. Se o primeiro de três robustos volumes apareceu em 1867, o segundo e o terceiro só surgiriam após sua morte em 1883. Seu velho amigo Engels editou-os a partir de anotações deixadas pelo autor, conferindo-lhes um formato publicável. Ainda assim, muitas décadas se passariam até se fazer valer o famoso chamamento de Marx, "Trabalhadores do mundo, uni-vos!". Em 1917, após a derrubada da burguesia pelos bolcheviques, bem como ele previra, a Rússia estabeleceu o primeiro Estado comunista do mundo. Muitas outras nações se seguiram ao longo do século, continentes afora, incluindo o país mais populoso do mundo, a China. Mas nenhuma delas viria a instituir o nirvana com que Marx sonhara, servindo em troca um *mélange* de insatisfação popular, pobreza, cultos à personalidade e tirania.

Hoje em dia, "marxista" virou um xingamento constante da parte de direitistas, direcionado a qualquer um visto como oposto às suas crenças: um termo genérico usado como sinônimo de filosofia política fracassada. E ainda assim, com todas as promessas de justiça social e econômica para as massas não cumpridas pelo marxismo ao longo do século XX, seu porta-voz produziu uma obra que mudou fundamentalmente o mundo. Se o marxismo não era a resposta, continua cada vez menos claro, em um mundo onde a desigualdade só aumenta, sujeita a ciclos devastadores de expansão e queda (*boom and bust*), se o capitalismo irrestrito seria. Marx pode não ter encontrado a solução, mas possivelmente identificou o problema.

GUERRA E PAZ

AUTOR: LEON TOLSTÓI
DATA: 1869

Guerra e paz, considerado um dos romances mais brilhantes da literatura mundial, conta as histórias de várias famílias aristocráticas adaptando-se à vida na Rússia, nos períodos anterior e posterior à invasão napoleônica de 1812. Tolstói dizia sobre seu livro que "não é um romance, muito menos um poema e ainda menos uma crônica histórica". Porém, em sua prosa realista há elementos dos três. Épico em escala e recoberto de

angústia existencial, é um estudo sobre um mundo em constante transformação. Por intermédio de um grupo extenso de personagens, examina como indivíduos reagem às pressões da guerra, da agitação social e política e da incerteza espiritual. Um século e meio após a publicação, permanece sólido na posição de monumento da literatura sobre a condição humana e como ascendemos e decaímos face a um mundo incerto. "Aproveitem os momentos de felicidade", diz o texto em dado momento, "amem e sejam amados! Esta é a única realidade que há, tudo mais é tolice."

Tolstói nasceu em 1828, poucos anos depois dos acontecimentos que narra. De família aristocrática, foi um jovem absolutamente devasso. Em 1851, às voltas com sérias dívidas de jogo, entrou para o exército e lutou na Guerra da Crimeia,

Anna Karenina

Ao contrário do mundo em geral, Tolstói não considerava *Guerra e paz* seu verdadeiro primeiro romance. Para ele, tal posto cabia a *Anna Karenina*, outro épico multifacetado, cujo pano de fundo era a alta sociedade da Rússia imperial no século XIX. Igualmente aclamado como um grande marco da literatura global, repetia o artifício de imbuir um drama psicológico envolvente com um sentido de verdade universal. Como comentou o poeta e crítico inglês Matthew Arnold, "não devemos encarar *Anna Karenina* como uma obra de arte, devemos encará-lo como um fato da vida".

integrando o cerco de quase um ano a Sebastopol. Embora tenha obtido reconhecimento pelo serviço militar, as experiências no campo de batalha lhe causaram traumas profundos. Ao deixar o exército e embarcar em longas viagens Europa afora, adotou pontos de vista cada vez mais radicais, os quais sustentava a partir de suas crenças cristãs fundamentalistas. Passou a questionar a legitimidade da ideia de governo e a manifestar várias visões anarquistas; era um notório pacifista e defensor da não violência.

Ninguém menos do que Gandhi o descreveria como alguém "que dedicou a vida a trocar o método da violência em prol da remoção da tirania ou da garantia de reformas pelo da não resistência ao mal; ao ódio expresso por meio da violência, reagia com amor expresso por meio do próprio sofrimento". Se na época em que escreveu *Guerra e paz* Tolstói ainda estava longe de explorar a fundo algumas dessas visões, já era uma pessoa bem diferente do jovem aristocrata boa-vida dos tempos pré-exército.

O romance inicia em São Petersburgo, em 1805, numa época em que o domínio de Napoleão na Europa Ocidental começava a fazer soar alertas no Leste. De certa forma, o livro é a história do choque cultural entre duas grandes civilizações sob o controle de líderes contrastantes: Napoleão e o Czar Alexandre. Bem a propósito, a narrativa tem início na festa oferecida por uma dama da sociedade, o próprio epítome da civilização e da ordem. Mas o livro não demora a tornar visível como os seus muitos personagens não passam de folhas carregadas pelos ventos da História.

Nas palavras do próprio Tolstói: "Cada ato deles (grandes homens), que lhes parece fruto de livre e espontânea vontade, do ponto de vista histórico nada tem de livre e espontâneo, atrelado que está a todo o curso prévio da História, predestinado por toda a eternidade."

O romance explora as trajetórias de quase seiscentos personagens de todos os quadrantes – de civis a soldados, de camponeses a nobres. Mas é mais conhecido pelos de sangue azul. Gente como o protagonista Pierre Bezukhov, filho ilegítimo de um conde, rico, mas socialmente inepto (baseado ao menos em parte no próprio Tolstói), o Príncipe Andrei Bolkonsky, seu melhor amigo, que abandona a família para combater Napoleão, e Natasha Rostov, bela e amável filha da nobreza que se aproxima tanto de Pierre como de Andrei.

Saga da definitiva vitória da Rússia sobre um invasor ocidental, culminando na desoladora Batalha de Borodino, descrita de forma tão evocativa por Tolstói, o romance foi absorvido pela psique nacional e informa a identidade nacional russa até hoje. Distribuído para as tropas soviéticas durante a II Guerra Mundial, muitos soldados teriam se emocionado mais com suas descrições de batalhas do que com as cenas que testemunhavam *in loco*. Para quem deseja compreender o contexto histórico da perpétua tensão entre Leste e Oeste, Oriente e Ocidente, *Guerra e paz* é um imperdível ponto de partida.

A universalidade do livro logo o faria também ganhar admiradores longe das fronteiras da Rússia. Composto de 361 capítulos, retrata a vida em toda a sua glória, de salões de baile ao *front*. Seria difícil lê-lo e não sentir uma conexão com ao menos um pouco do que acontece em suas páginas. Como disse certa vez Henry James, falando sobre Tolstói, ele era "um monstro atrelado a seu grande tema – toda a vida".

"A História é a vida das nações e da humanidade", escreveu ele. "Domá-la e colocá-la em palavras, descrever diretamente a vida da humanidade ou mesmo de uma única nação parece impossível." E, no entanto, ele conseguiu. Como prova do alcance do livro através do tempo, vale observar que Nelson Mandela o identificou como o romance favorito que leu durante os longos anos de prisão.

Compatriota de Tolstói, o escritor Isaak Babel (1894-1940) condensou numa frase sua capacidade de transcender o específico e chegar ao universal, emoldurando o caos da Rússia napoleônica para falar sobre a alma humana. "Se o mundo pudesse escrever por conta própria", disse Babel, "escreveria como Tolstói."

A INTERPRETAÇÃO DOS SONHOS

AUTOR: SIGMUND FREUD
DATA: 1899

"A interpretação dos sonhos é o caminho mais seguro para conhecermos as atividades inconscientes da mente." Assim escreveu Sigmund Freud, pai da psicanálise, naquela que se tornou sua obra mais famosa. Publicada ao nascer de um novo século, trazia a esperança do autor de que desencadeasse uma revolução copernicana no estudo da mente. Pois levou anos para vender mais do que umas poucas centenas de exemplares. Mas suas ideias revolucionárias penetraram gradualmente a consciência da maioria e tornaram-se fundamentos da cultura popular. Além disso, Freud nos forneceu um léxico com termos que até hoje são de uso generalizado. Quando nada, tornou mais aceitável do que jamais havia sido a noção de pessoas tentarem entender a si próprias – um caminho do qual o mundo nunca mais recuaria.

Freud nasceu em Freiburg, no Império Austro-Húngaro, em 1856, e teve um início de carreira não mais do que comum. Tendo se formado em medicina na Universidade de Viena, especializou-se em neurologia, mas com uma paixão pela psicologia

que o levou a estudar as anormalidades da mente, como a histeria e as neuroses. Contudo, seu interesse pelos sonhos o fez estender sua prática à exploração da mente como um todo – tanto as mentes "anormais" como as "normais". Dessa forma, deu à luz a psicanálise, que viria a descrever em 1925 como "o ponto de partida de uma nova e mais profunda ciência da mente, que seria (...) indispensável à compreensão do normal".

Em *A interpretação dos sonhos*, ele apresentou um modelo da mente dividida em três áreas distintas – Consciente, Pré-consciente e Inconsciente:

- Consciente – a parte da mente que constitui tudo de que temos ciência e que podemos contemplar e discutir de forma racional
- Pré-consciente – composto de todas as ideias e memórias que permanecem latentes na maior parte do tempo, contudo podem facilmente vir à consciência (por exemplo, um número de telefone que talvez não esteja sempre na ponta da língua, mas pode ser resgatado em caso de necessidade sem muito esforço)
- Inconsciente – os desejos e impulsos normalmente inacessíveis para a mente consciente, mas que podem influenciar nosso comportamento de maneira significativa

Assim como só uma pequena parte de um iceberg é visível sobre a superfície da água, no modelo de Freud só o Consciente pode ser "visto" (ou, ao menos, reconhecido); a maior parte da mente (i.e., o Pré-Consciente e o Inconsciente) fica "oculta". E assim, argumentava ele, é por intermédio dos sonhos que podemos examinar o que ocorre abaixo da superfície. Em suas palavras: "Sonhos não têm espaço para trivialidades; não permitimos que nosso sono seja perturbado por bobagens." Ele acreditava que sonhos nos permitem acessar de forma segura pensamentos e sentimentos que nos envergonham ou nos abalam demais para podermos confrontá-los em nossa existência consciente.

Freud alegava que sonhos comunicam informação de duas formas distintas. Em primeiro lugar há o conteúdo manifesto, a descrição dos acontecimentos do sonho pelo sonhador. Mas há também o conteúdo latente, as ideias inconscientes que permanecem ocultas e codificadas por trás da mera descrição. O conteúdo manifesto, defendia, resulta de experiências sensoriais durante o sono, combinadas

Uma História Duvidosa

Em uma célebre ocasião, uma das pacientes de Freud relatou um sonho no qual segurava um peixe que se debatia. Sem dúvida uma aplicada estudante da obra de seu médico, ela afirmou, convicta, que o peixe certamente representava um pênis. Mas Freud encarou de outra forma. Sabendo que a mãe da mulher reprovava suas consultas com ele, e ainda que era uma astróloga inveterada cujo signo era Peixes, sustentou ser muito mais provável o peixe representar a mãe da paciente do que um pênis – uma confusão que ressaltava nitidamente a natureza subjetiva da interpretação dos sonhos.

a preocupações recentes ("resíduos do dia"). Mas interessante de verdade seria o conteúdo latente, composto de desejos reprimidos do inconsciente sutilmente incorporados ao conteúdo manifesto (processo conhecido como "trabalho do sonho").

Os dois modos principais de disfarce de pensamentos inconscientes identificados por Freud eram a condensação (quando múltiplas ideias, objetos e temas são fundidos em um único objeto ou pessoa) e o deslocamento (em que o sentido é transferido para outra pessoa, objeto ou ato). Por exemplo, você vê um homem ser esfaqueado perante um carro azul e desloca o medo que sente do agressor para um medo de carros azuis. "O deslocamento e a condensação oníricos", dizia ele, "são os dois fatores determinantes a cuja atividade podemos em essência atribuir o formato que os sonhos assumem."

Freud fazia outras afirmações ousadas, das quais talvez a mais famosa seja: "Ao completarmos o trabalho de interpretação, percebemos que um sonho é a realização de um desejo." Desenvolvendo o tema, dizia: "Quanto mais alguém se ocupa com a solução de sonhos, mais preparado estará para reconhecer que a maioria dos sonhos de adultos tem conteúdo sexual e expressa desejos eróticos." Alegações como esta inevitavelmente afrontaram a muitos na sociedade europeia da virada do século, para a qual a noção de que as paixões e sentimentos mais profundos de alguém pudessem ser inferidas a partir de seus sonhos causava enorme desconforto. Talvez atento a tal fato, Freud abordava o assunto com certa dose de cautela. "Na interpretação dos sonhos", dizia ele, "não se deve esquecer jamais a importância dos complexos sexuais, embora não se deva obviamente exagerá-la a ponto de excluir todos os demais fatores."

Uma das sugestões essenciais de Freud também o expunha ao risco de zombaria – a alegação de ser possível interpretar o sentido "oculto" de toda sorte de sinais e símbolos evidentes até mesmo nos detalhes mais inócuos de um sonho. Vejamos, por exemplo, esta observação: "É inteiramente verdadeiro que sonhos contêm simbolismos referentes a órgãos e funções corporais, que sonhar com água costuma apontar para um estímulo urinário, que os genitais masculinos podem ser representados por um bastão ereto ou um pilar, e assim por diante." Dada a natureza inevitavelmente subjetiva de tal interpretação, já se sugeriu apocrifamente que até o próprio Freud teria sido instigado em dada ocasião a observar que "às vezes, um charuto é só um charuto".

Não resta dúvida de que, como tratado científico, *A interpretação dos sonhos* é profundamente falho. Muito do que Freud tendia a apresentar como verdade científica já foi exposto como especulação, opinião ou conjetura ao longo das décadas seguintes à sua morte em 1939. De seus modelos estruturais da psique, de suas teorias sobre o desenvolvimento psicossexual e metodologias para interpretação dos sonhos, quase nada se mantém intacto. E, no entanto, ainda assim seu livro ajudou a trazer ao estudo científico da psique uma energia profunda que ainda hoje permanece.

Freud foi responsável, por exemplo, por uma mudança radical na atitude perante as doenças mentais. Se no passado muitas pessoas haviam sido enjeitadas sob o peso de categorizações como fisiologicamente defeituosas, moralmente degeneradas ou até mesmo agentes do demônio, Freud trouxe a esperança de que as causas do desequilíbrio psicológico pudessem ser descobertas e abordadas. Acima de tudo, originou conceitos que nos permitem enxergar o mundo de uma forma diferente. Ele redirecionou o nosso olhar centrado no entorno e em suas construções – o universo, a sociedade, a teologia – para nosso mundo interior – a psique. Vale observar que a janela acima da escrivaninha de Freud era adornada com um espelho que lhe possibilitava olhar permanentemente para si mesmo ao contemplar o exterior.

Sem *A interpretação dos sonhos* e os demais trabalhos de Freud, nosso fraseado cotidiano estaria desprovido de termos como inconsciente, ego e id, libido, complexo de Édipo, pulsão, inveja do pênis, ato falho, divã do psicanalista, anal-retentivo... É, na verdade, um dos poucos indivíduos cujo nome ganhou status de adjetivo. Como observou, certa vez, o psicólogo John F. Kihlstrom, estudioso de Freud: "Mais do que Einstein, Watson ou Crick, mais do que Hitler, Lênin, Roosevelt ou Kennedy, mais do que Picasso, Eliot ou Stravinsky, mais do que os Beatles ou Bob Dylan, Freud teve influência profunda e duradoura sobre a cultura moderna."

5

De 1900 em Diante

Teoria da Relatividade Geral

AUTOR: ALBERT EINSTEIN
DATA: 1916

Indiscutivelmente o artigo científico mais famoso do século XX, a *Teoria da Relatividade Geral*, de Albert Einstein, abriu as portas de uma nova era para a ciência, com implicações boas e ruins para o mundo. Exigiu uma reavaliação da nossa compreensão fundamental sobre a natureza do tempo e do espaço, além de nos mostrar que a gravidade não opera propriamente da forma como Isaac Newton imaginava. Também nos levou a repensar por completo nosso olhar sobre o universo, já a partir do nível subatômico. Entre muitos outros efeitos, esta obra estabeleceu as bases para a física quântica (ainda que, por todo o resto de sua vida, Einstein tenha questionado tal conceito) e abriu as portas para a era nuclear, um legado que sempre o atormentaria dali em diante.

Por muito tempo, pareceu improvável que Einstein deixaria qualquer marca que fosse no mundo, muito menos tornar-se talvez o mais famoso cientista que jamais viveu (e definitivamente o mais reconhecido). Nascido em 1879, demorou a falar, e o próprio pai o chamava de "lerdinho". Embora seu talento natural para a matemática e a física logo tenha ficado claro, a carreira acadêmica claudicava. Depois de se formar na Escola Politécnica Federal da Suíça, em Zurique, teve dificuldades para encontrar uma colocação acadêmica. Acabou aceitando um emprego para pagar as contas no Escritório Nacional de Patentes e passou a explorar sua paixão pela física teórica como hobby.

Foi em 1905, por meio de uma série de artigos revolucionários, que ele se anunciou para o mundo – uma década antes da publicação da *Teoria Geral*. O primeiro, descrito pelo próprio Einstein como "muito revolucionário", estudava a radiação e as propriedades energéticas da luz, e se provaria crucial para o desenvolvimento da teoria quântica. O segundo rezava sobre "a determinação do tamanho verdadeiro dos átomos" e o terceiro investigava o movimento browniano por meio da análise de estatísticas e confirmava a existência de átomos e moléculas. O quarto era a *Teoria da Relatividade Restrita*, que examinava a eletrodinâmica de corpos em movimento e, conforme disse Einstein a um amigo em carta enviada na época, "lança mão de uma modificação da teoria do espaço e do tempo". Difícil imaginar uma forma mais discreta de anunciar que se está a ponto de alterar fundamentalmente a compreensão que a humanidade tem do universo.

Einstein estabeleceu que as leis da física são iguais para todos os observadores que se movam em velocidade constante em relação uns aos outros, e que a velocidade da luz no vácuo é constante. Visualizou um cosmos onde as três dimensões familiares do espaço se fundem ao tempo e formam o "espaço-tempo", em que um só acontecimento pode aparentar a observadores distintos ter ocorrido em momentos distintos. Ou, em linguagem de leigos, onde Newton aparentemente demonstrara que o espaço e o tempo eram absolutos, Einstein mostrava que não eram. Algo tão estarrecedor quanto qualquer coisa que Copérnico ou Darwin tivessem apresentado a um mundo despreparado. Estava ali um cientista a afirmar que nem mesmo a maneira como o seu relógio marca as horas ou o espaço que habita em cima da lareira eram exatamente como pareciam. Mas, onde outros enxergavam incerteza, ele via a imutabilidade na natureza das leis fundamentais da física. Aliás, seu plano original era batizar o artigo *Teoria da Invariância.*

A *Relatividade Restrita* levou a um último artigo naquele ano, de somente três páginas. Suas conclusões, contudo, eram surpreendentes. Ele havia descoberto que a massa de um corpo era a medida proporcional de sua energia. Noutras palavras, massa e energia são apresentações distintas de uma mesma coisa, entendimento que seria ilustrado pela equação mais famosa da História: $E=mc^2$ (energia é igual a massa vezes o quadrado da velocidade da luz). Tal descoberta, de que algo tão pequeno poderia conter tamanha quantidade de energia, foi o trampolim para a era nuclear.

Enquanto o resto do mundo tentava assimilar as revelações contidas na *Teoria da Relatividade Restrita*, Einstein seguia obcecado com as deficiências da *Teoria*. Estava insatisfeito, em especial, com o fato de ela só se aplicar em circunstâncias onde o movimento se dava em velocidade constante. Além disso, o universo, segundo Newton, se escorava na noção da gravidade como uma força instantânea, mas Einstein percebeu que não poderia ser o caso, pois ele estabelecera que nada (incluindo uma interação física como a gravidade) poderia viajar mais rápido do que a luz.

Muitas das suas maiores descobertas intelectuais se deram como resultado de complexas experiências de pensamento conduzidas para conceber "grandes saltos da imaginação". Nessa ocasião, ele focou nas sensações vividas por uma pessoa em queda livre confinada a um espaço fechado, como um elevador. O sujeito, percebeu Einstein, não teria ideia se fora capturado por um campo gravitacional ou se estaria no ambiente de gravidade zero do espaço profundo. Levaria extenuantes oito anos, mas foi esta a experiência de pensamento que gerou a *Relatividade Geral.*

O Prêmio Nobel

Einstein ganhou um Prêmio Nobel por seu trabalho, mas não, como se poderia esperar, pela parte referente à relatividade. Em 1921, o comitê de premiação debateu a possibilidade de sua *Teoria* concorrer, mas não conseguiu chegar a um consenso, pois as regras determinavam que ela precisaria ser classificada como uma "descoberta ou invenção". Para um grupo enfático, não se tratava de uma "lei" que fora "descoberta", mas sim de uma "teoria" que fora "proposta". Chegou-se a um meio-termo e ele ganhou o Prêmio pelo primeiro dos seus artigos de 1905 sobre a lei do efeito fotoelétrico, e não pela *Teoria* já então célebre mundo afora.

Um dos problemas principais enfrentados por ele foi o fato de a sua *Teoria* exigir novos tipos de matemática, incluindo uma forma de geometria que fosse além daquela definida por Euclides. No fim das contas, um velho amigo dos tempos de universidade, Marcel Grossmann, veio socorrê-lo, familiarizando-o com a matemática não euclidiana de Bernhard Riemann (1826-66) e o cálculo infinitesimal de Gregorio Ricci-Curbastro (1853-1925).

Ao fim de 1915, Einstein estava confiante de ter refinado devidamente sua *Teoria* e ter a matemática para sustentá-la. Por meio de uma série de quatro palestras naquele ano, detalhou o que considerava "a mais valiosa descoberta da minha vida". Se Newton descrevera um universo no qual uma maçã despenca da árvore para o chão por causa da força exercida pela gravidade, Einstein redefinia a gravidade como uma curvatura do espaço-tempo.

Quatro anos depois, foram registradas as primeiras evidências observáveis de seus postulados e, da noite para o dia, de figura moderadamente conhecida da ciência moderna ele virou um superstar global, cujo nome era conhecido até nos lares de menor inclinação científica. Como ele mesmo explicou: "O homem prático não tem nada com que se preocupar. (...) De um ponto de vista filosófico, porém, é importante, pois altera as concepções de tempo e espaço que são necessárias para as especulações e conceitos filosóficos."

Einstein deu sequência a suas explorações teóricas mesmo ao virar uma figura pública internacional. Ciência à parte, tornou-se um notório militante antiautoritarismo e também contra a bomba atômica que inadvertidamente ajudou a criar. Hoje, o impacto da *Relatividade Geral* está ao nosso redor, por todos os lados. Está evidente em como passamos a nos perceber dentro do universo. Está nos mistérios dos buracos negros que sua ciência previu. Mas está também no cotidiano, em nossas televisões e nos sistemas de GPS que guiam nossos carros. Na apreciação de outro físico, Max Born, a *Relatividade Geral* foi nada menos do que "o grande feito do pensamento humano sobre a natureza – a mais incrível combinação entre a penetração filosófica, a intuição física e a habilidade matemática".

O diário de Anne Frank

AUTOR: ANNE FRANK
DATA: 1947

O diário de Anne Frank é, como diz o nome, o relato do cotidiano de Anne Frank, a filha adolescente de uma família alemã que viveu em Amsterdã durante a II Guerra Mundial. Escrito em tom comovente, conta a história de Anne e de sua família ao longo dos dois anos em que se esquivam da captura por parte das forças de ocupação nazistas, vivendo em um anexo do local de trabalho de seu pai. O fato de estarmos cientes de que Anne e seus parentes terão um destino trágico dá ao diário uma carga emocional, uma força tal que talvez seja insuperável na literatura do século XX.

Anne tinha só quatro anos de idade quando os pais decidiram trocar Frankfurt por Amsterdã à luz do aumento do poder de Hitler na Alemanha e das perseguições assassinas. Judeus, os Frank estavam mais do que cientes da crescente onda de antissemitismo e esperavam encontrar um porto seguro na Holanda. Otto, o pai de Anne, montou um negócio bem-sucedido como comerciante de pectina, agente espessante usado na produção de alimentos. Contudo, o desejo da família de escapar das garras de Hitler se esvaiu em 1940, quando a Holanda foi invadida.

O Dever de Refletir

O diário de Anne Frank é, possivelmente, o mais famoso de um vasto lote de escritos sobre o Holocausto. A cada ano, novos relatos do horror em primeira pessoa são descobertos e publicados. Em 1986, Elie Wiesel recebeu o Prêmio Nobel de Literatura, tendo obtido fama com a publicação de seu livro de memórias, *A noite*, em 1960. O Comitê do Nobel descreveu-o como "um mensageiro para a humanidade; sua mensagem é de paz, reparação e dignidade humana". O italiano Primo Levi, sobrevivente de Auschwitz, publicou suas memórias no célebre *É isto um homem?*, em 1947, e posteriormente alertou que os acontecimentos dos anos 1940 poderiam sim se repetir. "Por esta razão", disse, "refletir sobre o que ocorreu é dever de todos."

No verão de 1942, judeus já eram deportados em massa para campos de concentração. Em julho daquele ano, Margot, irmã mais velha de Anne, foi intimada a se apresentar para "trabalhar" na Alemanha, sinal de alerta que fez os pais de Anne agirem. A família se escondeu de imediato no anexo do local de trabalho de Otto, cuja porta ficava escondida por uma estante. Ali recebiam o apoio de um pequeno grupo de confiança, que lhes fornecia comida e outros itens essenciais. Durante todo o exílio no cômodo secreto, os Frank conseguiram manter sua presença oculta de todos, exceto dos poucos escolhidos, apesar de o local viver cheio de empregados durante a semana. Anne viria a relatar que, enquanto outros provavam seu heroísmo em combate, os apoiadores da família provavam o seu diariamente por meio de gentileza, afeto e bom humor.

Anne ganhou seu diário (ou melhor, um caderno vermelho quadriculado que ela usava como diário) ao completar 13 anos de idade, em 12 de junho de 1942. É datado deste dia o primeiro texto, em que Anne se mostrava ansiosa para registrar ali todas as suas confidências. Ela escreve que, na ausência de uma companhia a quem pudesse revelar tudo, o livro se tornaria uma fonte de amparo e conforto.

Ao longo de meses e anos, o diário se transformaria num registro não apenas da existência de Anne no anexo, mas de sua vida interior. Ela descreve os que chegam para compartilhar o espaço e fugir dos nazistas – os Van Pels, que consistiam em Hermann (sócio de seu pai), Auguste (esposa dele), Peter (filho dos dois) e, mais tarde, um dentista chamado Fritz Pfeffer.

Para Anne, a princípio, os recém-chegados foram uma prova de fogo, em especial porque ela passou a dividir seu quarto com Peter, quase da mesma idade. Os textos do diário nos dizem muito sobre seus relacionamentos – a proximidade com o pai, a relativa distância da mãe e a grande afeição pela irmã. Ela cobre uma enorme gama de assuntos, mas o que transparece mais claramente é uma menina comum vivendo os desafios da transição da infância para a adolescência na mais incomum das circunstâncias. Entre as muitas subtramas figura o desenvolvimento de sua relação com Peter, de quem ela se torna muito próxima, mas depois gradualmente se afasta de novo.

Na noite de Natal de 1943, Anne revela o peso de um ano e meio de confinamento. Fala de seu desejo de andar de bicicleta, dançar, olhar para o mundo e "me sentir jovem e saber que sou livre". Mas se dá conta de que não tem nada a ganhar sentindo pena de si mesma. "Aonde chegaríamos com isso?", pergunta-se em tom de queixa.

Em março de 1944, o diário já contava com um volume significativo de textos. Foi quando Anne ouviu um anúncio no rádio da parte de um membro do governo holandês, no exílio em Londres. O ministro anunciava planos de reunir diários e outros registros pessoais da ocupação alemã em algum momento após a guerra terminar. Com isso em mente, Anne dedicou-se a reescrever e editar o material que já existia, criando o que hoje se chama de "Versão A" e "Versão B". A ideia de que seus escritos servissem a um propósito maior a agradava, pois acalentava o sonho de tornar-se uma escritora e jornalista famosa. Nesse estágio, todos os textos já eram endereçados a "Kitty"; o diário já se encontrava plenamente personificado como um confidente.

O último texto é datado de 1º de agosto de 1944. Apenas três dias depois, o esconderijo da família foi descoberto e seus habitantes, presos. Por muito tempo supôs-se que as autoridades haviam chegado ao paradeiro dos oito por meio de traição, mas há sugestões mais recentes de que a descoberta possa ter ocorrido por acaso, numa batida policial cujo foco era uma denúncia de fraude de racionamento. O resultado, de uma forma ou de outra, foi o mesmo. Todos foram deportados para diversos campos de concentração. Auschwitz foi um deles, mas Anne seria transferida depois para Bergen-Belsen, vivendo uma série de horrores. Ela morreu com apenas 15 anos de idade, em fevereiro ou março de 1945, provavelmente durante um surto de tifo. As tropas Aliadas libertariam o campo poucas semanas depois. Otto, o pai de Anne, seria o único da família a sobreviver.

Ao retornar a Amsterdã, os diários da filha lhe foram entregues por alguém que os resgatara imediatamente após a batida policial no anexo. A princípio, foi difícil encontrar uma editora. A percepção era de que haveria pouco apetite para revisitar os horrores da guerra e os crimes contra os judeus decorrido tão pouco tempo.

Otto então repassou os diários para o historiador Jan Romein, que não demorou a reconhecer-lhes o valor. "Este diário aparentemente inconsequente de uma criança", escreveu em um artigo de jornal em 1946, "este 'de profundis' na voz gaguejante de uma criança, abarca tudo o que há de hediondo no fascismo, mais do que todas as evidências (dos julgamentos) de Nuremberg juntas." No ano seguinte, *O anexo: Anotações de um diário, 14 de junho de 1942-1º de agosto de 1944* foi publicado na Europa e causou sensação. Cinco anos depois, foi publicado nos Estados

Unidos como *Anne Frank: The Diary of a Young Girl*, incluindo uma introdução da primeira-dama Eleanor Roosevelt. Venderia dezenas de milhões de exemplares, viraria leitura obrigatória nas salas de aula e inspiraria peças, filmes e programas de televisão.

Até hoje, é talvez o mais célebre relato em primeira mão da experiência judaica na II Guerra Mundial e, como tal, impõe-se como um documento histórico de enorme importância. Mas, em última análise, é um intenso e emocionante registro do que é ser humano. E, em meio à tragédia, Anne emerge como um emblema da esperança. Especialmente nesta afirmação: "Eu ainda acredito que, apesar de tudo, as pessoas têm um coração verdadeiramente bom."

1984

AUTOR: GEORGE ORWELL
DATA: 1949

Escrito em um século marcado pelos excessos de regimes totalitários cujas ideologias se espraiavam de um canto a outro do espectro político, *1984* é uma obra-prima distópica que nos alerta para as consequências do autoritarismo de partido único. Imiscuiu-se cultura internacional adentro, em grande parte pelo apanhado de frases e ideias memoráveis que estabeleceram os termos do debate sobre tais regimes. Para quem considerava que pertencia ao passado, o livro voltou a exibir relevância perturbadora na tumultuada paisagem da política internacional do século XXI.

Escrito nos anos 1940, retrata um "1984" de enorme desolação. O controle do mundo foi dividido entre três superestados totalitários em conflito perpétuo. A trama se passa num deles, a Oceania (os outros são a Eurásia e a Lestásia), especificamente na região antes conhecida como Grã-Bretanha, mas agora rebatizada Pista de Pouso Nº 1. O poder está nas mãos do "Partido", que opera sob a ideologia do Ingsoc (uma abreviação para Socialismo Inglês). Seu enigmático líder é o Grande Irmão, ao redor do qual se ergue um culto generalizado à personalidade. O regime assegura a submissão dos cidadãos, impondo vigilância em massa e repressão brutal a todos os dissidentes. Quem se torna *persona non grata* para o Partido vira uma "não pessoa", desaparece e todos os registros de que tenha existido são destruídos.

O personagem principal é Winston Smith, que trabalha no Ministério da Verdade (na essência, um ministério da propaganda), envolvido na edição de registros históricos para mantê-los alinhados à narrativa atual do governo. Contudo, ele se opõe em segredo ao regime e deseja a sua derrubada. Afastado da esposa, envolve-se com uma colega de ministério, uma mulher chamada Julia. Lembrando-se de como era sua vida antes do Partido, Winston é atraído pelo movimento de resistência. Mas torna-se vítima de uma armação e, tendo sido exposto, é forçado a passar por um processo de "reeducação" em que tem de confrontar seu pior medo.

Admirável Mundo Novo

Aldous Huxley publicou *Admirável mundo novo* em 1932. Como Orwell, previu um futuro de pesadelo, porém menos apoiado na força e mais na coerção. Ele escreveu para Orwell, em 1949:

Eu acredito que os governantes do mundo irão descobrir que o condicionamento infantil e a narco-hipnose são mais eficientes como instrumentos de governança do que porretes e prisões, e que a cobiça pelo poder pode ser completamente satisfeita ao sugerir que as pessoas amem a sua servidão, ao invés de chicoteá-las e chutá-las à obediência. Em outras palavras, eu sinto que o pesadelo de *1984* está destinado a ser modulado ao pesadelo de um mundo mais semelhante àquele que imaginei em *Admirável mundo novo*.

O livro introduziu um número extraordinário de termos/conceitos que entraram de lá para cá no vocabulário coletivo. Entre eles estão: Big Brother, ou Grande Irmão (o ditador sem rosto); duplipensar (capacidade de sustentar duas crenças contraditórias simultaneamente e acreditar nelas), crime de pensamento (ideias heterodoxas, incompatíveis com os ditames oficiais do governo); Polícia do Pensamento (divisão secreta da polícia para reprimir crimes de pensamento); Novilíngua (linguagem concebida para ocultar a verdade) e Quarto 101 (uma câmara de tortura onde o prisioneiro é confrontado com seu pior medo numa tentativa de subjugá-lo). A noção de que indivíduos devam aceitar como verdade o que quer que o Partido determine é resumida na afirmação registrada por Winston em seu diário: "2 + 2 = 5". Essa sensação de verdade instável se reflete também nos nomes que o governo dá a seus ministérios: o da Verdade, que espalha mentiras; o da Paz, onde o interesse é a guerra; o do Amor, que pratica tortura; e o da Fartura, às voltas com a fome. Já a partir de sua primeira frase ("Era um dia claro e frio de abril, e os relógios marcavam treze horas"), o livro introduz um sentido palpável de realidade fluida e contradição interna.

Orwell foi um dos autores de maior engajamento político de sua época. Nascido em 1903, era um socialista democrático convicto. Seu livro de não ficção *O caminho para Wigan Pier*, de 1937, detinha-se sobre o drama da classe operária britânica à luz da Grande Depressão, enquanto *Lutando na Espanha*, do ano seguinte, relata suas experiências na Guerra Civil Espanhola, na qual lutou ao lado dos republicanos. Testemunhou com horror crescente a Europa abrir caminho para a tirania, tanto sob a forma do fascismo como do comunismo. Em 1945, publicou a magistral distopia *A revolução dos bichos*, na qual satirizava a URSS stalinista numa história sobre um grupo de animais de fazenda que se uniam contra o fazendeiro, dispostos a criar sua própria sociedade-modelo. Com grandes porções do planeta divididas entre as superpotências do pós-guerra, dedicou-se então a escrever *1984*. Seria seu último romance – e para muitos o maior. Quando o terminou, na ilha escocesa de Jura, já estava debilitado pela tuberculose, que o mataria no início de 1950.

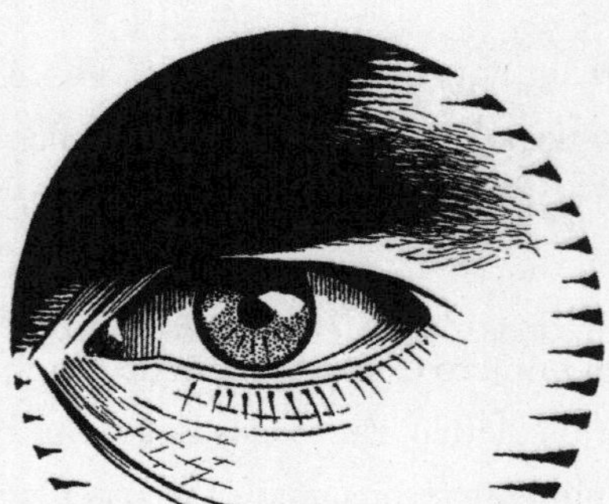

1984 é um exame absolutamente fascinante de como autocracias se instalam e como a política e, no que é crucial, a linguagem podem ser corrompidas e exploradas. Em *Por que escrevo*, de 1946, Orwell confirmava que sua obra, desde meados da década de 1930, fora "escrita, direta ou indiretamente, contra o totalitarismo e a favor do socialismo democrático". Além do intelecto incisivo e da imaginação prodigiosa, tinha ainda grande senso de estilo, o que garantiu aos seus livros um enorme público. V. S. Pritchett elogiou *1984* no *New Statesman*, onde escreveu: "Creio que nunca havia lido um romance mais assustador e deprimente do que este; e, ainda assim, tamanha é a sua originalidade, o suspense, o ritmo da escrita e a devastadora indignação que o livro se torna impossível de largar."

1984 se encaixa em uma linhagem de obras distópicas afins, que parte de *Nós*, romance de 1924, de Yevgeny Zamyatin; *O zero e o infinito*, de Arthur Koestler; e *Kallocaína*, de Karin Boye (ambos escritos em 1940), e vai desaguar em trabalhos posteriores, como *Fahrenheit 451* (1953), de Ray Bradbury; *O conto da aia* (1985), de Margaret Atwood; e *Virtual Light* (1993), de William Gibson. Se cada um foi, em si, tremendamente influente, nenhum supera o impacto perene de Orwell. Ainda que o colapso do Império Soviético (URSS), no começo dos anos 1990, parecesse anunciar a vitória definitiva da democracia liberal, *1984* voltaria a reverberar junto aos leitores do século XXI – um público em dificuldades para se entender com o monitoramento cada vez maior, fake news, "fatos alternativos", uma nova geração de líderes "com mão de ferro" e o ambiente das redes sociais no qual grupos opostos elegem uma "verdade" e rejeitam quem não se submete a ela.

Em 1949, Orwell escreveu em *1984*:

> O poder está em desfazer as mentes humanas em pedaços e juntá-los novamente em novas formas à sua escolha. Você está começando a ver o mundo que estamos criando? É exatamente o oposto das estúpidas utopias hedonistas que os antigos reformadores imaginavam. Um mundo de medo e traição é um tormento, um mundo de atropelar e ser atropelado, um mundo que se tornará não menos, porém mais impiedoso à medida que se refina.

Sem dúvida, teria ficado desolado ao ver quão relevantes ainda são as suas palavras.

O segundo sexo

AUTOR: SIMONE DE BEAUVOIR

DATA: 1949

Ao escrever *O segundo sexo*, a filósofa e ativista francesa Simone de Beauvoir forneceu à Segunda Onda do feminismo uma de suas bases e ao feminismo em geral aquela que talvez seja a sua obra de maior impacto. Nela, expôs a tese de que mulheres eram historicamente confinadas a um papel subserviente aos homens e discorria sobre como poderiam se libertar de seus grilhões e viver uma vida mais gratificante.

Existencialista, Simone de Beauvoir acreditava que a existência se caracteriza por um "nada" fundamental e que cabe ao indivíduo dar-lhe "sentido" por meio das escolhas que faz. Noutras palavras, vidas humanas isoladas não têm valor ou mérito intrínseco em nível cosmológico e cabe ao indivíduo conferir valor à própria vida.

Para as mulheres, defendia Simone, essa empreitada era dificultada pelas amarras a elas impostas por uma sociedade machista, que lhes conferia um papel secundário. Esta é a argumentação construída no primeiro dos dois volumes do livro, *Fatos e mitos*, em que a autora citava inúmeros exemplos históricos para substanciar sua afirmação. O homem, dizia ela, era tradicionalmente visto como o modelo por definição do "Self", e a mulher como o "Outro".

Desde os tempos pré-históricos, ela se dispunha a provar, o Homem impunha a sua vontade ao mundo, definindo a si próprio por intermédio de suas ações. A Mulher, em contraste, era definida em oposição ao Homem; fraca enquanto o Homem era forte, voltada para dentro enquanto o Homem se aventurava pelo mundo, e dependente das ações do Homem para ser "salva". Este papel imposto de "Outro" teria não apenas assegurado a subjugação da Mulher, mas também lhe negado sua humanidade fundamental.

Ela se dedicava a mostrar como a condição de "Outro" havia sido criada por meio de uma série de narrativas sociais. A medicina e disciplinas como a psicanálise tinham uma nefasta tradição de considerar as mulheres "o sexo frágil", nos aspectos fisiológico e mental. A História e a literatura também haviam reforçado as noções de "Homem" dominante e "Mulher" secundária, incapaz então de forjar a sua própria essência independente. As mulheres teriam sido aprisionadas no mito, criado por homens, claro, do "eterno feminino", que atrelaria a identidade feminina ao papel reprodutivo. Enquanto a Mulher como fonte da vida era celebrada, sua identidade também ficava atada à inevitabilidade da morte que a vida traz, ao passo que sua sexualidade perturbava o patriarcado. O "eterno feminino", conclui ela, serviria para aprisionar as mulheres dentro de uma visão socialmente construída do que significa ser mulher, negando-lhes o direito de forjar identidades individuais.

Simone ressalta ainda como, desde muito cedo, as meninas são encorajadas a compactuar com a perpetuação desse mito, sujeitando-se a uma noção vaga de feminilidade que impede a plena consciência de seu potencial. Na memorável definição da autora, "não se nasce mulher, torna-se mulher": instigada a engajar-se a um "instinto maternal", que segundo Simone não é inato, encorajada a imaginar uma vida futura como figura de apoio a um homem, tendo que tolerar relações sexuais insatisfatórias e abrir mão de seu próprio talento e ambição, aceitando o papel de Outro enquanto o Homem procura gratificar o seu Self.

No segundo volume, *A experiência vivida*, Simone descreve como os papéis tradicionais das mulheres – os de esposa e mãe, e o de "artista" – equivalem a "afastar a morte, mas também recusar a vida". Cabe à mulher satisfazer-se com a mediocridade; ela é pressionada a ser complacente e passiva. A solução sugerida pela autora é abordar a desigualdade financeira subjacente à relação entre homens e mulheres. Estas, propõe Simone, precisam trabalhar em funções que lhes proporcionem meios de sustento financeiro e tornem possível um tipo de libertação das restrições do "eterno feminino" – um caminho que ela reconhece ser coalhado de obstáculos. Sugere ainda que mulheres devam participar mais de atividades intelectuais do que ditava a tradição; onde eram "objetos", devem transformar-se em "sujeitos" de sua própria vida.

O segundo sexo costuma ser encarado como um marco da transição da Primeira Onda do feminismo (aquela que, de maneira geral, procurou derrubar as desigualdades mais óbvias entre os sexos, incrustadas em leis injustas quanto a direitos de propriedade e de voto) para a Segunda. Na Segunda Onda, que se estendeu até os anos 1980, o foco estava em debater aspectos mais amplos da desigualdade, relacionados, por exemplo, ao lar, ao ambiente de trabalho, aos direitos reprodutivos e à libertação sexual. Nas palavras da autora, "a mulher livre está nascendo agora".

O segundo sexo foi um fenômeno instantâneo. Vendeu dezenas de milhares de exemplares logo nas primeiras semanas de lançamento e foi traduzido em dezenas de idiomas. É difícil imaginar obras vitais da Segunda Onda, como *A mística feminina*, de Betty Friedan; *Política sexual*, de Kate Millett; ou *A mulher eunuco*, de Germaine Greer, sem Simone de Beauvoir para abrir o caminho. Seria inevitável, porém, que a obra recebesse críticas. O Vaticano a proibiu (o livro lida de forma razoavelmente detalhada com o tema do direito de uma mulher abortar). Assim como houve também críticas de feministas que se opuseram a aspectos do livro, em especial o que algumas enxergaram como a decepção subjacente com as próprias mulheres da parte da autora – a suspeita de que ela achasse que quase todas as mulheres teriam "fracassado" na busca de sentido para suas vidas ao longo da História. Contudo, *O segundo sexo* foi bem-sucedido na reconfiguração do debate a respeito de mulheres e do feminismo, instigando a sociedade a reexaminar as expectativas sobre a feminilidade e como cada mulher deveria ser livre para explorar todo o seu potencial.

O Casal Poderoso do Existencialismo

Uma peculiaridade do destino é como Simone tem seu nome frequentemente atrelado ao de um homem – o filósofo existencialista Jean-Paul Sartre, com quem formou um casal do fim dos anos 1920 até a morte dele, em 1980. Mas não era um casal tradicional: os dois se relacionavam abertamente com outras pessoas (Simone era bissexual) e nunca se casaram, tiveram filhos ou moraram juntos. Foi uma experiência de "amor autêntico", como Simone o definia, considerando-a o grande êxito de sua vida. No entanto, seus diários sugerem que a parceria tinha sua dose de tensão emocional. Acima de tudo, levantava a questão de quão dolorosa pode ser a infidelidade, mesmo quando há consentimento mútuo.

Ardil-22

AUTOR: JOSEPH HELLER
DATA: 1961

É um romance cômico e satírico, mas com um lado oculto sombrio. Ambientado na II Guerra Mundial, rastreia as experiências frequentemente absurdas e surreais do capitão da Força Aérea americana John Yossarian – um anti-herói memorável – e seus companheiros. Publicado no início dos anos 1960, numa época em que o envolvimento dos Estados Unidos na Guerra do Vietnã aumentava, o livro se estabeleceu não só como talvez o maior romance antiguerra do século, mas também como um farol da nascente contracultura. Sinalizava a chegada de uma nova era na qual as decisões das autoridades eram cada vez mais contestadas e a deferência a elas, cada vez menor.

Heller nasceu em Nova York, em 1923. Pilotou ele mesmo um B-52 da Força Aérea na II Guerra Mundial, tornando-se depois professor e redator publicitário. Somente na década de 1950 começou a escrever sobre suas experiências de guerra, que incluíram cerca de sessenta bombardeios. Numa missão em particular, em agosto de 1944, quando o avião sobrevoava a cidade francesa de Avignon, Heller correu risco real de morrer. Esse incidente moldou suas atitudes em face da guerra que motivou seu livro mais famoso. Em parte, ele foi inspirado a escrevê-lo após ler *As aventuras do bom soldado Švejk*, exemplo pioneiro de romance explicitamente antiguerra publicado nos anos 1920 pelo autor tcheco Jaroslav Hašek.

Ardil-22 é um estudo sobre como as pessoas podem (ou não podem) manter sua individualidade e sua humanidade perante uma burocracia militar poderosa e impessoal. Nos termos mais simples possíveis, é um romance sobre a loucura da guerra. Narrado por meio de uma série de episódios fora de ordem cronológica e muitas vezes tangenciais, incorporando os pontos de vista de múltiplos personagens, o texto é permeado por uma sensação de estranheza e deslocamento. O próprio Heller admitia tê-lo escrito com sua mente mais voltada para a Guerra da Coreia, que estourara na década de 1950, do que para a II Guerra Mundial. O desafio de Yossarian é completar a quantidade necessária de missões para assegurar a passagem de volta para casa sem enlouquecer no processo.

O termo "Ardil-22" passou a fazer parte do léxico como descrição de problemas particularmente absurdos, falácias de circularidade cujos próprios termos impedem uma solução. Por exemplo, é preciso preencher um formulário para solicitar mais tinta para a impressora, mas não dá para imprimir o formulário porque a impressora está sem tinta.

No contexto do romance, nunca se declara um "Ardil-22" de forma direta, mas há várias referências ao termo como prova da natureza ridícula de processos burocráticos de autoridades que aprisionam os personagens num pesadelo kafkiano. A mais

FAZENDO VALER O TÍTULO

A intenção não era de que *Catch-22*, título original do livro, se chamasse assim. Heller submeteu o primeiro capítulo a uma revista, que o publicou sob o título *Catch-18*. Contudo, o agente do autor pediu a alteração, temendo confusão com outro romance publicado na mesma época, *Mila 18*, de Leon Uris. *Catch-11* foi visto como uma possibilidade, mas considerado muito parecido com o popular filme *Ocean's 11* (no Brasil, *Onze homens e um segredo*); *Catch-17*, por sua vez, lembrava demais o filme *Stalag 17* (no Brasil, *Inferno nº 17*). Aparentemente, *Catch-14* foi rejeitado porque o número não era tão engraçado. Acabou sendo feita a opção por *Catch-22*, que passava uma sensação de repetição e circularidade.

célebre se refere à condição pela qual tripulantes mentalmente instáveis de aeronaves poderiam ficar de fora de suas missões. Somente o que se precisava fazer era pedir para ser excluído. Mas, como Yossarian aponta, o ato de se preocupar com a própria segurança em face dos perigos reais e imediatos com que tripulantes de aviões de guerra se defrontam é indicativo de uma mente racional. Ao fazer o pedido, o solicitante demonstrava ser são e era recusado. Para ser curto e grosso, somente um louco quereria voar, e qualquer pessoa com a cabeça no lugar, não, mas quem tinha juízo acabava sendo forçado a voar.

À medida que o livro avança, vem à tona a dimensão do horror das experiências vividas pelos personagens. Yossarian passa a considerar seus próprios comandantes uma ameaça tão grande quanto a representada pelo inimigo. O romance discorre sobre todos os tipos de temas, dos perigos do capitalismo desenfreado (cujo epítome é o "Sindicato" controlado pelo empreendedor amoral da base aérea, Milo Minderbinder) à natureza de Deus (Yossarian descreve Deus, em quem não crê, como "um tremendo idiota imortal").

Quando o livro foi lançado, muitos críticos não o entenderam. A *New Yorker*, por exemplo, observou que "nem parece ter sido escrito; passa a impressão de registrar no papel algo enunciado aos berros". O *New York Times* disse que não era "sequer um bom romance", mas, apesar disso, qualificou a posição ao chamá-lo de "incrivelmente original, brilhantemente cômico, brutalmente horripilante (...) uma performance deslumbrante".

Enquanto os críticos se atrapalhavam em suas análises, o livro começou a se tornar objeto de culto, em especial entre a juventude. Reverberava com perfeição o espírito antiautoritário de sua época e apossou-se da imaginação popular à medida que crescia o movimento contra a Guerra do Vietnã. Se a mensagem antiguerra de *Ardil-22* é de fato potente, o livro fala da condição humana em termos mais gerais, só que permite aos leitores dar boas risadas. Triunfo de forma e de conteúdo, não ganhou prêmios literários importantes, mas, em poucos anos, estabeleceu-se como um clássico moderno. Anos depois, Heller diria que, quando algum crítico apontava que ele nunca mais fizera algo tão bom quanto *Ardil-22* – e isto acontecia com frequência –, ele se sentia tentado a responder: "E *alguém* fez?!"

A uma só vez comicamente irreverente, horripilante e trágico, *Ardil-22* é um livro que aproveitou seu momento histórico, erguendo um espelho para um mundo que não gostou do que viu. Um mundo onde a guerra é industrializada, o comércio conquista a tudo e a todos e indivíduos se veem na posição de danos colaterais involuntários. Um mundo que percebia estar enlouquecendo aos poucos, tomado por ciclos inquebráveis de autodestruição. Sempre foi muito mais do que apenas mais um romance de guerra. O próprio Heller dizia que seu interesse não havia sido tanto o de escrever sobre a guerra, mas o de examinar "as relações pessoais na autoridade burocrática". Todos entendemos instintivamente qual é a sensação de ser pego num ardil-22, mas foi Heller quem lhe deu voz. "Todos no meu livro acusam a todos de serem loucos", disse ele, certa vez. "Francamente, eu acho que toda a sociedade é maluca – e a questão é: O que faz um homem são numa sociedade insana?"

Primavera silenciosa

AUTOR: RACHEL CARSON
DATA: 1962

Primavera silenciosa foi escrito por Rachel Carson, bióloga marinha americana que se convencera de que o uso de pesticidas (agrotóxicos), então em rápida expansão, tinha um efeito extremamente prejudicial ao meio ambiente. A indústria química, que, segundo ela sugeria, minimizava o impacto de seus produtos junto ao público, reagiu com veemência, mas os argumentos de Carson se provaram altamente persuasivos perante um receptivo público americano.

O livro foi o estopim de uma reviravolta na política nacional para uso de pesticidas e um fator de grande influência na criação da Agência de Proteção Ambiental dos EUA. Mais significativo ainda foi seu papel na conscientização sobre questões ambientais mais amplas perante um público que até então não se importava com o tema. Como tal, a obra é vista, de maneira geral, como o primeiro exemplo significativo no mundo de uma literatura ambientalista e como um momento crucial para o crescimento do movimento ambientalista internacional.

Nascida em 1907, na Pensilvânia, Carson estudou no Laboratório de Biologia Marinha de Woods Hole e depois na Universidade Johns Hopkins. Era aquela rara combinação de cientista talentosa e exímia comunicadora, uma bióloga marinha profissional que escrevia e editava textos para uma série de publicações e viria a se tornar editora-chefe do US Fish and Wildlife Service. Então, em 1951, escreveu *O mar que nos cerca*, que se tornou um best-seller e lhe valeu o prestigioso National Book Award nos EUA. Animada com o sucesso, passou a poder se dedicar em tempo integral à escrita.

A Primeira Carta

Um dos fatores que persuadiram Carson a escrever seu livro foi uma carta escrita por sua amiga Olga Owens Huckins em janeiro de 1958 para o *Boston Herald*. Huckins reportava a morte de pássaros em sua propriedade em Duxbury, Massachusetts, depois de borrifarem DDT para se livrarem de mosquitos. Após um piloto despejar uma pequena sobra do produto químico em sua terra, ela reportou: "O chuveirinho 'inofensivo' matou sete das nossas amadas aves canoras de uma só vez. Recolhemos três cadáveres junto à porta na manhã seguinte. Eram pássaros que viviam perto de nós, confiavam em nós e construíam seus ninhos em nossas árvores ano após ano." Ao enviar a Carson uma cópia da carta, Huckins talvez tenha, sem querer, ajudado a alterar o curso da história ambiental, e aqueles pássaros, ao menos, podem não ter morrido em vão.

Enquanto isso, a agricultura americana tornava-se cada vez mais dependente de um pesticida "milagroso" chamado DDT. Fora desenvolvido pouco antes de eclodir a II Guerra Mundial e tornara-se mais conhecido ao ser usado no Pacífico Sul para reduzir as populações do mosquito transmissor da malária nas ilhas que abrigavam tropas dos EUA. Logo foi criada uma versão para uso doméstico, que chegou ao mercado em 1945. Seu grande diferencial era, ao contrário de outros pesticidas, não limitar o seu alvo a poucas espécies, sendo capaz de eliminar grandes variedades de uma só vez. A indústria química ressaltava as enormes vantagens que poderia trazer para fazendeiros, e eram poucas as vozes dissonantes. Seu inventor, o químico suíço Paul Hermann Müller, chegou mesmo a receber o Prêmio Nobel (Fisiologia/Medicina) em 1948 "pela descoberta da alta eficiência do DDT como um veneno de contato contra inúmeros artrópodes".

Entretanto, ficava cada vez mais notório que a natureza indiscriminada de tais produtos químicos tinha sérias implicações. Quando o Departamento de Agricultura começou a borrifar DDT por via aérea para erradicar as formigas-de-fogo em 1957, Carson estava entre as várias partes interessadas no seu impacto. Era o início do que viria a ser *Primavera silenciosa*, para o qual foi fechado um contrato de publicação em 1958. Logo ficou claro como o escopo do livro seria maior que o imaginado a princípio, tamanha a quantidade de dados e outras evidências coletadas.

Em 1960, Carson já havia examinado várias centenas de casos de exposição a pesticidas e seu impacto em seres humanos (incluindo potenciais efeitos carcinogênicos e alterações genéticas) e no meio ambiente como um todo. Passou a maior parte do ano seguinte completando o manuscrito, tarefa dificultada pelo diagnóstico de câncer de mama que havia recebido.

Ela insistia que a borrifação de pesticidas deveria ser restringida ao máximo e que era preciso adotar uma abordagem biótica ao invés de produtos químicos. Alertava para a ameaça a ecossistemas representada pela natureza não seletiva dos pesticidas, dando cabo de espécies essenciais. A partir dos insetos, cadeias alimentares inteiras estavam sendo dizimadas pelo veneno. O DDT permanecia ativo nos ecossistemas por semanas e até meses, mesmo depois de diluído pela água da chuva. Além disso, Carson levantava a possibilidade de que algumas pragas – por exemplo, o mosquito-prego (Anopheles), o transmissor da malária – pudessem desenvolver resistência.

Para destacar os danos que o ser humano era capaz de infligir ao mundo, cogitou-se intitular o livro *O homem contra a natureza*. No entanto, Carson optou pelo título que até então havia reservado para um capítulo sobre pássaros. Reza a lenda que ela se inspirou em versos de "La Belle Dame sans Merci", de John Keats: "Os juncos murcham à beira do lago/E não há pássaros a cantar." Antes de ser lançado no formato livro, a *New Yorker* publicou-o em capítulos, recebendo significativa atenção do público. A indústria química, porém, temerosa de suas revelações, reagiu com força contra a obra e a autora.

Houve tentativas malsucedidas de processar Carson, a editora e a *New Yorker* por difamação. Uma dispendiosa campanha publicitária foi lançada para promover os benefícios do uso de pesticidas, ao mesmo tempo que se tentava desacreditar a autora em nível pessoal, às vezes de maneira bastante vulgar. Um ex-secretário nacional de Agricultura questionou em público "por que uma solteirona sem filhos estaria tão interessada assim em genética". Já a American Cyanamid Company afirmava: "Se a Humanidade resolvesse seguir à risca os ensinamentos da srta. Carson, voltaríamos à Idade das Trevas, e os insetos, as doenças e as pragas novamente herdariam a Terra."

Mas o público, inquieto, fora mobilizado de forma sem precedentes, o que só se acentuou na primavera de 1963, quando a CBS levou ao ar um especial de TV baseado no livro. "A atitude do homem perante a natureza", disse Carson aos documentaristas, "tem importância crucial hoje em dia simplesmente porque adquirimos o poder fatídico de alterá-la e destruí-la. Mas o Homem faz parte da natureza, e sua guerra contra ela é inevitavelmente uma guerra contra si próprio."

Carson morreu tragicamente em decorrência do câncer em abril de 1964. O livro, àquela altura, já havia vendido mais de um milhão de exemplares. Além disso, inspiraria mudanças reais. O Presidente Kennedy ordenou ao Comitê Consultivo de Ciência da Presidência que examinasse as alegações feitas em *Primavera silenciosa*, e o resultado seria a proibição nacional do uso do DDT na agricultura. Carson também havia chamado a atenção para o conflito de interesses existente devido ao fato de o Departamento de Agricultura ser responsável por representar os pleitos do agronegócio e também regular pesticidas. Assim, em 1970, foi criada a Agência de Proteção Ambiental dos EUA.

Mais importante, no entanto, foi como *Primavera silenciosa* mudou os termos do debate ambiental e lançou as sementes de um movimento ambiental popular tanto nos Estados Unidos como no exterior. Ao ressaltar as ameaças à saúde humana e à existência de espécies inteiras de animais – ao mesmo tempo que alertava contra o questionável senso de integridade da indústria –, ela tocou num ponto que mobilizou a população em geral. H. Patricia Hynes, professora titular de saúde ambiental na Escola de Saúde Pública da Universidade de Boston, hoje aposentada, observou: "*Primavera silenciosa* alterou o equilíbrio de poder no mundo. Desde então ninguém mais foi capaz de vender poluição como efeito colateral necessário ao progresso com tanta facilidade ou de forma acrítica." O renomado apresentador e naturalista David Attenborough, por sua vez, sugeriu que, com a exceção de *A origem das espécies*, de Darwin, *Primavera silenciosa* é o livro que mudou o mundo da ciência mais do que qualquer outro.

Por que não podemos esperar

AUTOR: MARTIN LUTHER KING
DATA: 1964

Por que não podemos esperar conta a história do movimento não violento pelos direitos civis liderado por Martin Luther King e de sua campanha contra a segregação racial, em especial em Birmingham, Alabama, em 1963. Além de ser um esplêndido documento histórico que registra o movimento em uma passagem crucial de sua história – o início do que o autor chama de "Revolução Negra" –, é também uma convocação que continua a ecoar em um mundo onde ainda existem divisões raciais.

Martin Luther King Jr., nascido em Atlanta, na Geórgia, em 1929, era um pastor batista que ganhou notoriedade em escala nacional, em meados dos anos 1950, como líder do movimento pelos direitos civis, inspirado por sua fé cristã e sua admiração pelos pioneiros de protestos não violentos, como Mahatma Gandhi. Em 1955, destacou-se no boicote aos ônibus de Montgomery, desencadeado quando Rosa Parks foi presa por se recusar a ceder seu assento a um passageiro branco, como exigia a lei. Posteriormente, MLK se tornaria presidente da Conferência da Liderança Cristã do Sul (SCLC, na sigla em inglês).

A concorrência era forte, mas ainda assim Birmingham, Alabama, era considerada uma das cidades americanas com mais alto grau de segregação racial no início dos anos 1960. MLK e a SCLC se envolveram em protestos cuja meta era forçar empregadores a contratar funcionários sem levar em consideração a raça. A campanha visava ainda pôr fim à segregação em espaços públicos, e os princípios que a norteavam eram os de atos em massa (protestos, marchas) e a não violência.

As exigências da campanha foram em grande parte ignoradas pelas autoridades e donos de estabelecimentos comerciais de Birmingham. A tensão aumentou, e uma caminhada de protesto entre uma das igrejas batistas da cidade e a prefeitura, conduzida em grupos de cinquenta, resultou em milhares de prisões. Eugene "Bull" Connor, então comissário de segurança pública, autorizou o uso de mangueiras de alta pressão e cães da polícia contra os manifestantes, e muitas crianças e espectadores também se viram envolvidos na confusão.

MLK foi um dos que acabaram dentro de uma cela em abril de 1963. Entre críticas à campanha da parte de alguns líderes religiosos locais, concebeu a "Carta de uma cadeia em Birmingham", que teve ampla circulação e atraiu atenção nacional e internacional para o movimento. *Por que não podemos esperar* é uma evolução daquela carta. Documenta a luta da campanha pelos direitos civis no Sul dos Estados Unidos durante a primavera e o verão daquele ano. Enquanto observava a Ásia e a África "se moverem a jato rumo à independência política", MLK estava frustrado com o "ritmo de tartaruga" dos EUA.

Por que não podemos esperar – concebido em cooperação com vários outros personagens notórios da campanha pelos direitos civis, incluindo Stanley Levison,

Eu Tenho um Sonho

Apenas três meses após a conclusão da campanha de Birmingham, Martin Luther King foi uma figura central na Marcha sobre Washington, ocorrida em 28 de agosto de 1963, para exigir plenos direitos civis. Um dos mais concorridos comícios da história do país, atraiu cerca de 250 mil manifestantes. Foi ali, em frente ao Memorial de Lincoln, que MLK fez o discurso que inclui a icônica frase "Eu tenho um sonho". Uma enquete feita em 1999 com 137 célebres estudiosos da arte da oratória elegeu-o o melhor discurso político do século XX.

Clarence Jones e Bayard Rustin – era um chamado à luta. "Por anos, eu ouvi a palavra 'Esperem!' Ela ecoa nos ouvidos de cada negro com familiaridade cortante", escreveu MLK. "Quase sempre 'Esperem' quer dizer 'Nunca'. Precisamos entender, como diz um de nossos distintos juristas, que 'justiça demasiado tardia é justiça negada'."

O livro procura contextualizar historicamente, de alguma forma, a campanha de Birmingham e explicar por que, aos olhos de alguns observadores, a "Revolução Negra" parecia ter explodido do nada. MLK prometia aos embasbacados com os acontecimentos recentes que outros se seguiriam. Sugeria que, embora a campanha os tivesse atingido como um raio, com uma "intensidade assustadora", ela se originava de séculos de abuso, humilhação e privação que "não encontrariam sua voz num sussurro". Birmingham, sob o jugo de "Bull" Connor, dizia ele, trazia à lembrança uma cidade da era da escravidão, na qual direitos humanos básicos eram negados à população negra, sujeita à intimidação e à violência, caso reclamasse.

MLK citava ainda que, após o histórico veredito do caso *Brown v. Conselho de Educação*, de 1954, onde a segregação em escolas públicas fora julgada inconstitucional, o ritmo das reformas era lento. Outros fatores a alimentar protestos eram a generalizada falta de confiança no *establishment* político e o impacto ainda não mitigado da Grande Depressão, que atingira de forma particularmente severa a população negra dos Estados Unidos. Enquanto escrevia, exatos cem anos haviam se passado desde a Proclamação de Emancipação de Abraham Lincoln, ele observava, e no entanto milhões continuavam a ser oprimidos.

MLK defendia o uso então corrente de métodos não violentos – descritos por ele como "a necessidade de a humanidade superar a opressão e a violência sem recorrer à violência e à opressão". Reconhecia que, em Birmingham, ter sido preso tornara-se em si um ato político, o que diluíra a força da prisão como ferramenta de opressão. No que os cárceres ficaram lotados de prisioneiros unidos por uma causa comum, a pura e simples quantidade de gente se tornou um problema para as autoridades, permitindo que os manifestantes atraíssem ainda mais atenção popular às suas justas demandas.

Ele comparava a campanha de Birmingham à Batalha de Bunker Hill, o confronto da Guerra da Independência no qual as forças americanas começaram a se mobilizar de verdade contra o opressor. Mas, alertava, a campanha no Alabama não poderia gerar excesso de confiança ou complacência. Deveria ser encarada como o primeiro passo em uma longa estrada. Cobrava uma declaração de direitos que, entre outras coisas, procurasse compensar os desfavorecidos pelos salários historicamente não pagos. Fazia gestos na direção de brancos pobres e outros grupos oprimidos para que se aliassem aos seus apoiadores. O êxito de uma coalizão como tal, esperava MLK, poderia, em última análise, fomentar a não violência por toda parte e abrir caminho para a paz mundial.

Essa visão utópica ainda está por se concretizar, mas a campanha de Birmingham e *Por que não podemos esperar* de fato induziram mudanças, sendo a mais significativa a aprovação do Ato pelos Direitos Civis de 1964, que tornou ilegais diversas formas de discriminação racial. No âmbito da própria Birmingham, autoridades municipais deram início a um processo de dessegregação. Mas o acordo levou a Ku Klux Klan a bombardear o quarto de hotel de MLK e, apenas cinco anos depois, ele seria assassinado a tiros em Memphis, Tennessee. *Por que não podemos esperar* se mantém de pé como testamento de um dos totens da geopolítica do século XX e continua a valer como demonstração de esperança, apesar de o trabalho iniciado por MLK ainda estar por completar.

Em 2006, Barack Obama – então preparando-se para se tornar o primeiro afro-americano a presidir os Estados Unidos da América – prestou tributo a um personagem sem o qual a sua própria ascensão teria sido impossível. "Por meio de palavras", disse Obama, "ele deu voz aos que não tinham uma. Por meio de atos, ele trouxe coragem aos corações mais fracos. Por meio da visão, da determinação e acima de tudo da fé no poder redentor do amor, ele passou pela humilhação da detenção, pela solidão de uma cela de prisão, pelas constantes ameaças à sua vida, até afinal inspirar uma nação a se transformar e começar a fazer valer o significado de seu credo."

Uma breve história do tempo

AUTOR: STEPHEN HAWKING
DATA: 1988

Um dos livros de ciência mais vendidos de todos os tempos, *Uma breve história do tempo* ajudou a mudar o entendimento popular da cosmologia (a ciência da origem e do desenvolvimento do universo) e da física teórica, apresentando as complexidades, por exemplo, da física quântica e do tempo imaginário para um público global e leigo. "Fico feliz que um livro sobre ciência seja capaz de competir com as memórias de astros pop", diria Hawking posteriormente. "Talvez haja alguma esperança para a raça humana."

Hawking nasceu em Oxford, Inglaterra, em 1942, e se destacou academicamente desde jovem, obtendo uma vaga no curso de física do University College, em Oxford. Ao se graduar com honras, partiu então para o doutorado em Trinity Hall, Cambridge. Foi nessa época que recebeu o devastador diagnóstico de esclerose lateral amiotrófica (ELA) – doença do neurônio motor, de progressão lenta, de início

Melhor do que Sexo

Se *Uma breve história do tempo* foi a sensação editorial entre as publicações científicas do fim do século XX, seu contraponto na cultura popular surgiu em 1992, quando Madonna publicou seu polêmico "coffee-table book" *Sex*. Com seu conteúdo adulto, o livro teve vendas impressionantes logo após o lançamento, chegando rapidamente a 1,5 milhão de exemplares. Mas nunca chegou nem perto da estimativa de 25 milhões que o livro de Hawking teria vendido. Ao falar sobre *Uma breve história* em 2004, Nathan Myhrvold, ex-diretor do Departamento de Tecnologia da Microsoft, fez o sarcástico comentário: "Bateu de longe a vendagem do livro *Sex*, da Madonna. Quem teria imaginado uma coisa dessa?"

precoce, que ao longo das décadas subsequentes o deixaria paralisado e incapaz de falar sem ajuda de tecnologia.

Mas Hawking se recusou a permitir que a consciência da doença o abatesse. Pelo contrário: ao se deparar com a possibilidade da morte prematura, agarrou-se a todas as oportunidades com fervor e paixão que até ali nem sempre haviam estado aparentes. Engajou-se num volume impressionante de trabalhos inovadores na área da cosmologia, em especial dos buracos negros, formando um vínculo particularmente forte com o físico e matemático Roger Penrose. Juntos, investigaram buracos negros no âmbito da Teoria da Relatividade Geral, prevendo que estes emitem radiação (Penrose acabaria por ganhar o Prêmio Nobel de Física – uma das raras honrarias não obtidas por Hawking).

Ainda que Hawking fosse uma luz brilhante no firmamento da ciência em meados dos anos 1980, nem de longe era o nome reconhecido que estava destinado a se tornar. Ainda concebia a sua "teoria de tudo", que unia relatividade e física quântica em um todo coeso – e também começara a contemplar a ideia de um livro de ciência popular. Queria escrever sobre as origens do universo, explicando os grandes saltos no conhecimento coletivo dados ao longo das décadas anteriores, mas em uma linguagem que qualquer pessoa pudesse entender. Uma meta bastante ambiciosa. Estava determinado, por exemplo, a evitar equações complexas aos montes e acabou por incluir apenas uma – a mais famosa da História, talvez, o $E=mc^2$ de Einstein. Consta que teria feito tal opção por lhe terem dito que cada equação adicional cortaria pela metade o público do livro.

Hawking arrumou um agente badalado em Nova York e procurou obter o melhor contrato possível. Assinou em 1984 com a Bantam, uma editora de grande penetração no mercado de massa, que lhe ofereceu 250 mil dólares somente pelos direitos de publicação nos EUA. A saúde do autor declinou no ano seguinte, e o processo de escrita foi árduo, mas o livro ficou pronto para ser lançado em 1988. Porém, não antes de o editor Peter Guzzardi tomar a inspirada decisão de rebatizá-lo. Ao invés de *From the Big Bang to Black Holes: A Short History of Time* (*Do Big Bang aos buracos negros: uma curta história do tempo*, em tradução livre), como Hawking planejava, virou *Uma breve história do tempo: Do Big Bang aos buracos negros*. Uma introdução de outro dos gigantes da ciência do século XX, Carl Sagan, ajudou a criar expectativa real pelo lançamento.

A essência do livro era a convicção de Hawking de que a ciência logo se depararia com a teoria definitiva sobre a criação do universo, uma realização que ele notoriamente comparou a conhecer "a mente de Deus". Seguiu-se uma vendagem sem precedentes para um livro científico – foram surpreendentes 147 semanas na lista de best-sellers do *New York Times*, nos EUA, e 237 na do *Times*, no Reino Unido, sem mencionar as traduções em mais de quarenta idiomas ("eu soube que faria sucesso quando foi traduzido para o servo-croata", brincou, certa vez, o autor). Logo começaram as piadas sobre como seria o livro mais vendido a não ser lido por ninguém para além do capítulo 1. Os críticos observavam que a prosa nem sempre era inabalavelmente elegante e parte do conteúdo científico, de difícil compreensão. Mas Hawking teve êxito em apresentar a milhões conceitos como o Big Bang e o tempo imaginário (este, segundo ele reconhecia, "o aspecto do livro que as pessoas mais questionam"). Talvez nem todos conseguissem digerir as informações, mas o livro certamente serviu como inspiração para muitos aspirantes a cientistas por todo o planeta.

Confinado a uma cadeira de rodas e capaz de falar apenas através de uma laringe eletrônica com tom altamente peculiar, Hawking se tornou o cientista mais célebre do planeta. Somente Albert Einstein, com seu cabelo desgrenhado, gozou de fama em nível semelhante. Pelo resto da vida, até morrer em 2018 – décadas mais tarde do que o prognóstico inicial dos médicos –, foi uma figura pública e educador de vulto, bem como um pesquisador de vanguarda. Onde Hawking se encaixa no panteão dos grandes cientistas é questão que suscita muitas discussões. Pode-se argumentar que não partiu dele qualquer revolução científica ao modo de Newton ou de Einstein. Mas, no que tange a comunicar conceitos complexos para as massas,

Uma breve história do tempo se posta lado a lado às grandes obras da escrita científica – um Big Bang literário.

Martin Rees – cosmólogo, astrofísico, Astrônomo Real britânico e presidente da Sociedade Real – diria, em 2015, a respeito de Hawking: "Seu nome viverá para sempre nos anais da ciência; os horizontes cósmicos de milhões foram ampliados por seus livros, campeões de vendas; e muitos mais, mundo afora, foram inspirados por um exemplo singular de êxito contra todas as expectativas – uma manifestação de força de vontade e determinação impressionantes."

Longa caminhada até a liberdade

AUTOR: NELSON MANDELA
DATA: 1994

Longa caminhada até a liberdade é o livro de memórias de Nelson Mandela, a figura central da luta da África do Sul negra para desmantelar o regime do Apartheid no país – um sistema de governo em que os direitos da minoria branca prevaleciam sobre os da maioria negra. Preso por suas atividades políticas por vinte e sete anos, Mandela foi libertado em 1990 e, quatro anos depois, eleito presidente nas primeiras eleições pós-Apartheid. Ele emergiu como um ícone internacional e uma força unificadora para o bem. Como viria a dizer a sul-africana ganhadora do Prêmio Nobel Nadine Gordimer: "Ele está no epicentro de nosso tempo, o nosso na África do Sul e o de vocês, onde quer que estejam." *Longa caminhada até a liberdade* foi um marco que documentou não apenas a jornada pessoal de Mandela, mas também a extraordinária transição social e política de seu país.

Escrito em colaboração com o autor e editor americano Richard Stengel, o livro compreende toda a trajetória de vida de Mandela, já a partir do nascimento em uma aldeia chamada Mvezo, como membro da família real do povo thembu, de língua xhosa. Foi criado, contava ele, com o nome Rolihlahla, apelido que às vezes sugeria jocosamente um "encrenqueiro". Mais velho, contudo, viria a ser conhecido pelo nome de seu clã, Madiba.

Mandela descreve uma adolescência e uma educação por meio das quais se sentia a um só tempo privilegiado em comparação com a maior parte da população negra, mas também plenamente ciente da posição secundária que a cultura negra tinha perante as autoridades de raízes europeias. Depois de estudar na Universidade de Fort Hare – uma faculdade para jovens negros, onde conheceu futuros confederados, como Oliver Tambo –, foi para Johannesburgo, em parte para fugir da ameaça de um casamento arranjado. Lá, iniciou a carreira de advogado e começou a explorar sua simpatia pelo comunismo e a se aproximar do Congresso Nacional Africano (CNA), o partido político que viria a exercer a mais vigorosa oposição ao abjeto sistema do Apartheid, instituído formalmente no fim dos anos 1940.

Inicialmente partidário de protestos pacíficos e desobediência civil, Mandela foi levado a concluir, em face do aumento da violência por parte do regime – vide o Massacre de Sharpeville, quando sessenta e nove manifestantes foram mortos diante de uma delegacia em um protesto contra a chamada lei do passe, que exigia dos negros portarem um documento de identidade sempre que fossem às ruas –, que a batalha contra o Apartheid exigiria a adoção de táticas de guerrilha. Em 1963/64, foi réu no chamado Julgamento de Rivonia, acusado de conexão com atos de sabotagem e sua mentoria. Considerado culpado, foi condenado à prisão perpétua, mas também adentrou a consciência internacional ao proferir do banco dos réus as seguintes palavras:

> Dediquei toda a minha vida a esta luta do povo africano. Lutei contra o domínio branco e lutei contra o domínio negro. Defendi e prezo a ideia de uma sociedade democrática e livre, em que todas as pessoas

convivam em harmonia e com oportunidades iguais. É um ideal para o qual eu espero viver e que espero ver realizado. Mas, Meritíssimo, se preciso for, é um ideal pelo qual estou disposto a morrer.

Continuação Póstuma

Sempre foi intenção de Mandela escrever um segundo livro sobre seu tempo na Presidência, mas isso nunca chegou a acontecer enquanto ele viveu. Em 2017, contudo, o celebrado escritor sul-africano Mandla Langa acrescentou material de arquivo e entrevistas ao original inacabado de Mandela e completou o volume, publicado com o título *Dare Not Linger: The Presidential Years* (*Que não demore: Os anos de presidência*, em tradução livre; no Brasil, intitulado *A cor da liberdade*, com o mesmo subtítulo), fazendo referência à última frase do livro anterior. Há ainda um prólogo da terceira esposa de Mandela, Graça Machel, ela mesma uma notória filantropa e ex-mulher de Samora Machel, Presidente de Moçambique entre 1975 e 1986.

Ao longo de quase três décadas de confinamento, principalmente em Robben Island, a pressão internacional contra o Apartheid cresceu e Mandela finalmente foi libertado durante o mandato do presidente F.W. de Klerk. Sua atitude magnânima em face do grande sofrimento conferiu-lhe uma autoridade moral talvez incomparável à de qualquer outra pessoa viva, e o caminho se abriu para o desmonte do regime do Apartheid e a realização de eleições democráticas em 1994 – eleição esta que resultou em um único mandato na Presidência para Mandela antes de se afastar da linha de frente da política, mesmo que permanecendo uma figura pública de peso não só no seu país, mas também no mundo inteiro.

Longa caminhada até a liberdade foi significativo para consolidar sua reputação e dar corpo à sua filosofia de compaixão, empatia e transigência. O carisma de Mandela não só atraiu outros líderes mundiais e figuras públicas ansiosas para serem fotografados a seu lado, como teve apelo mundo afora para gente comum, de resto imune à lábia dos políticos. Em sua autobiografia, ele dedicou tempo a explorar alguns dos credos que lhe pautavam a vida – como o de que a maior glória não reside em jamais fracassar, mas sim em se erguer toda vez que se cai, e o de que, se as pessoas podem ser ensinadas a odiar, também podem ser ensinadas a amar. Sua sabedoria se provou de apelo universal numa época em que tal qualidade estava frequentemente em falta no cenário internacional.

Mandela concluiu o livro – que vendeu 15 milhões de exemplares e inspirou uma bem-sucedida produção de Hollywood – com a observação de que não podia descansar nem por um instante, pois a liberdade traz responsabilidades, e não se permitia protelar porque sua longa caminhada ainda não havia terminado. E, de fato, ainda teve mais quase duas décadas pela frente, até morrer no fim de 2013. Nascido no bojo da realeza tribal, encarcerado como terrorista e afinal celebrado como quase santo, Mandela documentou em *Longa caminhada até a liberdade* uma das mais extraordinárias histórias de vida dos tempos modernos, uma verdadeira *Odisseia* contemporânea. Em seu funeral, a elegia de Barack Obama resumiu seu inigualável legado pessoal e político:

> Mandela nos ensinou o poder da ação, mas também nos ensinou o poder das ideias; a importância da razão e argumentos; a necessidade de estudar não só aqueles com quem você concorda, mas também aqueles com os quais você discorda. Ele entendia que as ideias não podiam ser contidas por muros de prisões, ou extintas pela bala de um atirador [...]. E quando a noite escurecer, quando a injustiça pesar em nossos corações, ou quando os nossos melhores planos parecerem fora de alcance, vamos pensar em Madiba e nas palavras que lhe trouxeram conforto dentro das quatro paredes de sua cela: "Não importa quão estreito seja portão, quão pesados os castigos, eu sou o mestre do meu destino: eu sou o capitão da minha alma."

CONCLUSÃO

Vivem dizendo que os livros estão morrendo. Em um mundo de gratificação instantânea, onde a internet e os serviços de *streaming* lutam por nossa atenção, e onde vídeos de 30 segundos e *posts* de 280 caracteres são o meio preferido de comunicação, o livro é descartado regularmente como uma relíquia do passado. Mas, parafraseando Mark Twain, os boatos sobre sua morte têm sido tremendamente exagerados.

Até Gutenberg introduzir seus tipos móveis por volta de meados do século XV, o número de livros manuscritos nas bibliotecas da Europa não passava de algumas dezenas de milhares. Hoje, o mercado editorial publica cerca de 300 mil títulos por ano somente nos Estados Unidos – número reforçado por milhões de outros títulos autopublicados. Estamos soterrados por livros.

É verdade que eles enfrentam uma ferrenha concorrência de outros formatos de mídia como nunca ocorreu antes, e que o simples volume de obras publicadas não torna necessariamente mais fácil que as melhores se destaquem. Ainda assim, está claro que o livro continua tendo papel crucial em nossa cultura coletiva. Por muitos milhares de anos, provou-se um formato de extraordinária durabilidade, que evolui à medida que o mundo se transforma.

Até hoje, não há nada que se compare para explorar um tema verdadeiramente a fundo. Ler um livro é um compromisso de tempo e energia – tanto intelectual como emocional. É uma oportunidade de mergulhar em mentes que, sem o advento deles, jamais conheceríamos. René Descartes comparava a leitura de livros a ter conversas com as mentes mais brilhantes do passado. O esforço que ler um texto demanda é mais do que compensado pela gratificação que ele traz – a chance de adentrar esferas distintas daquelas que habitamos no dia a dia.

Uma oportunidade de se conectar.

Este volume proporciona um banquete com apenas algumas dentre as obras mais significativas e notáveis produzidas ao longo do tempo – livros que nos ajudam a contar a história da nossa civilização. Espero que vocês tenham gostado desta pequena viagem literária através do tempo e que ela possa inspirar as suas próprias e novas jornadas. Ao zarparem para mais uma, tenham em mente as palavras do acadêmico americano do século XIX, Charles W. Eliot:
"Livros são os amigos mais silenciosos e constantes; são os conselheiros mais acessíveis e sábios, e os professores mais pacientes."

Bibliografia Selecionada

Bannock, Graham e Baxter, R.E., *The Penguin Dictionary of Economics* (Penguin, 2011)

Barański, Zygmunt G. e Gilson, Simon (eds.), *The Cambridge Companion to Dante's 'Commedia'* (Cambridge University Press, 2018)

Blackburn, Simon, *Dicionário Oxford de filosofia* (Zahar, 1997)

Bowker, John (ed.), *The Oxford Dictionary of World Religions* (Oxford University Press, 1997)

Buck, Claire, *Women's Literature A-Z* (Bloomsbury, 1994)

Clark, Timothy, *The Cambridge Introduction to Literature and the Environment* (Cambridge University Press, 2011)

Dalley, Stephanie (ed.), *Myths from Mesopotamia: Creation, the Flood, Gilgamesh, and Others* (Oxford University Press, 2000)

De Grazia, Margreta e Wells, Stanley, *The New Cambridge Companion to Shakespeare* (Cambridge University Press, 2010)

Denisoff, Dennis e Schaffer, Talia (eds.), *The Routledge Companion to Victorian Literature* (Routledge, 2019)

D'haen, Theo, Damrosch, David e Kadir, Djelal (eds.), *The Routledge Companion to World Literature* (Routledge, 2011)

Egginton, William, *The Man Who Invented Fiction: How Cervantes Ushered in the Modern World* (Bloomsbury, 2016)

Emerson, Caryl, *The Cambridge Introduction to Russian Literature* (Cambridge University Press, 2011)

Gribbin, John, *The Scientists: A History of Science Told Through the Lives of Its Greatest Inventors* (Random House, 2004)

Gutzwiller, Kathryn, *Guide to Hellenistic Literature* (John Wiley & Sons, 2007)

Hsia, Chih-tsing, *The Classic Chinese Novel: A Critical Introduction* (Columbia University Press, 1968)

Kemp, Peter (ed.), *The Oxford Dictionary of Literary Quotations* (Oxford University Press, 1997)

Kupperman, Joel, *Classic Asian Philosophy: A Guide to the Essential Texts* (Oxford University Press, 2006)

Marcus, Marvin, *Japanese Literature: From Murasaki to Murakami* (Association for Asian Studies, 2021)

Treharne, Elaine, *Medieval Literature: A Very Short Introduction* (Oxford University Press, 2015)

Walder, Dennis, *Literature in the Modern World: Critical Essays and Documents* (Oxford University Press, 1991)

Wellbery, David E. *et al.*, *A New History of German Literature* (Harvard University Press, 2005)

Sobre o Autor

DANIEL SMITH é autor e editor de não ficção e escreve sobre uma ampla gama de temas, entre os quais política, economia e história. É autor de *The Little Book of Big Ideas: 150 Concepts and Breakthroughs that Transformed History* e da série "How to Think Like...", da editora Michael O'Mara Books, publicada em mais de vinte idiomas e que já vendeu quase 500 mil exemplares mundo afora. É ainda roteirista dos premiados podcasts *Real Dictators* e *Uma breve história de…* Vive em Londres com sua esposa e dois filhos.

LEIA TAMBÉM

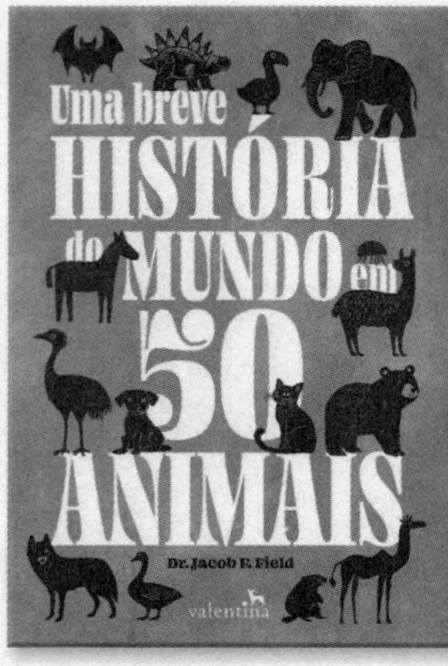

**UMA BREVE HISTÓRIA
DO MUNDO EM 50 ANIMAIS**

**UMA BREVE HISTÓRIA
DO MUNDO EM 50 LUGARES**